POR ENTRE AS FLORES
DO PERDÃO

Américo Simões
Ditado por Clara

POR ENTRE AS FLORES DO PERDÃO

Barbara

Revisão
Sumico Yamada Okada

Capa e diagramação
Meco Simões

Foto capa: Otherimages

Primeira Edição: Inverno de 2014/2015

Dados Internacionais de Catalogação na Publicação (CIP)
(Câmara Brasileira do Livro, SP, Brasil)
Garrido Filho, Américo Simões
Por entre as flores do perdão / Américo Simões. - São Paulo:
Barbara Editora, 2014.

1. Espiritismo 2. Romance espírita I.Título.
ISBN 978-85-99039-36-6

08-0616   CDD-133.93

Índices para catálogo sistemático:
1. Romances espíritas: Espiritismo   133.93

BARBARA EDITORA
Rua Primeiro de Janeiro, 396 - 81
Vila Clementino — São Paulo — SP — CEP 04044-060
Tel.: (11) 5594 5385
E-mail: barbara_ed@estadao.com.br
www.barbaraeditora.com.br

Todos os direitos reservados.
Nenhuma parte desta obra pode ser reproduzida ou transmitida por qualquer forma e/ou quaisquer meios (eletrônico ou mecânico, incluindo fotocópia e gravação) ou arquivada em qualquer sistema de banco de dados sem permissão expressa da Editora (lei n° 5.988, de 14/12/73).

Para todos que encontram
o perdão em seu coração...

CAPÍTULO 1

Estados Unidos,
cidade de San Francisco, Califórnia, ano de 2000

Nos Estados Unidos da América o outono começa em 21 de setembro. Em novembro, ondas de frio já se espalham pelo ar de forma bastante intensa. No fim do mês, em certas regiões, já se podem ter os primeiros dias de neve.

O doutor Richard Johnson, homem alto, de meia-idade, com cabelos grisalhos, rosto corado e jovial estava em sua casa, construída num bairro nobre da cidade, admirando pela janela da sala de estar, o tempo lá fora.

Ouvira pelo rádio, naquela tarde, que Chicago, sua cidade natal, receberia à noite os primeiros flocos de neve da estação. Ah, como ele gostaria de estar lá, presenciando a chegada da neve. Desde que se mudara para a cidade de San Francisco, nunca mais pudera viver tal emoção.*

Ele ainda se lembrava bem do hábito que surgira na infância e se estendeu até o fim da adolescência: parar, estivesse fazendo o que estivesse, pelo menos por cinco, dez minutos, para admirar a chegada da neve. Hábito que aprendeu com seus pais. Assim que a mãe ou o pai notavam que estavam caindo os primeiros flocos de neve da estação, tanto um quanto outro diziam, a toda voz:

"Está nevando!".

---

*Na cidade de San Francisco não cai neve. (Nota do autor).

Ou a mãe dizia:

"Bill, a neve! A neve chegou!"

Era um momento de festa para os dois. Eles então passavam a noite tomando vinho, comemorando este evento. Era sempre uma ocasião muito querida por todos na casa.

Assim que a neve se acumulava sobre o solo, a família começava a montar bonecos de neve. Perto do Natal, o jardim já estava repleto deles. Era a casa do bairro e, até mesmo da cidade, que mais bonecos tinha em seu jardim. O coral da igreja reservava sempre uma noite, às vésperas do Natal para se apresentar em frente a casa e, boa parte da vizinhança, ia assistir ao grande momento. Era uma noite de festa.

Ao fim da grande noite, quando Richard já se encontrava em seu quarto, embrenhado debaixo das cobertas, seu pai sentava-se na pontinha da cama, olhava para ele e dava-lhe o mesmo conselho todo ano:

— Nunca se esqueça, Richard. Eu e sua mãe nos tornamos adultos, mas não é porque nos tornamos adultos que deixamos de fazer meninices, criancices... tal como montar bonecos de neve, vesti-los com os acessórios mais engraçados, para deixá-los ainda mais bonitos e divertidos... O inverno nunca será triste se você aprender a fazer coisas que o tornem alegre. Nada nunca será triste, se você se dispuser a combater a tristeza com uma boa dose de alegria.

— Eu não esquecerei, papai. Prometo!

O pai, então, sorria belamente para ele, beijava-lhe a testa e completava:

— Boa noite, Richard, tenha bons sonhos.

— O senhor também, papai.

Em seguida, o pai apagava a luz e deixava o quarto, encostando a porta assim que passava por ela. O filho ficava ali olhando para a janela, rememorando os conselhos que seus pais lhe davam, conselhos que fizeram grande diferença na sua vida.

Quando Richard ficou meninão, era ele quem saía correndo pela casa em busca da mãe ou do pai para avisá-los de que os primeiros flocos de neve estavam despencando do céu.

Era ele também quem reparava os bonecos quando começavam a derreter devido à quentura das lâmpadas dos pisca-piscas.

Ao ver o interesse com que cuidava dos pobrezinhos, seu pai o apelidou de doutor dos bonecos de neve. Richard adorava reparar os danos e ajeitá-los novamente, esse foi um dos primeiros indícios de que ele, no futuro, haveria de seguir a carreira de medicina, que deixaria de ser o doutor dos bonecos de neve para ser o doutor de gente de verdade.

O segundo indício se deu quando ele começou a operar, de mentirinha, seus bichos de pelúcia e as bonecas das primas e das amiguinhas; o terceiro, quando ele começou a dar remédios, segundo prescrição do veterinário, e pôr curativos nos cachorros dos colegas, vizinhos e familiares quando eles ficavam doentes ou se machucavam. Até mesmo na família, quando um deles adoecia, era Richard quem se incumbia de cuidar de todos.

Por isso, não foi nada difícil para Richard escolher a carreira a seguir no futuro. Desde muito tempo, sabia que seria medicina. Seu empenho nos estudos garantiu a conquista de uma vaga numa das melhores faculdades de medicina dos Estados Unidos. Foi o pai quem bancou, com grande gosto, o custo dos estudos.* Morreu feliz, dez anos depois que o filho se formou, por ver o destaque que Richard vinha conseguindo na sua área.

Seu sucesso na profissão não se dava por acaso, era por mérito que ele atingia tudo o que vinha conquistando. Procurava se atualizar constantemente, estar sempre por dentro dos avanços da medicina e dedicava-se de corpo e alma ao trabalho, como poucos, uma devoção à profissão, não por dinheiro, mas por paixão.

Quando um paciente ou um familiar, achegava-se a ele, e lhe agradecia por seu excelente desempenho como médico, Richard compreendia o quanto valia a pena a sua dedicação ao trabalho.

Ele não se tornara querido por seus pacientes somente por salvar suas vidas, mas por sua alegria e vitalidade cativantes, por ser uma daquelas pessoas que se tem prazer de estar ao lado, cuja presença alegra o ambiente, afasta qualquer névoa da tristeza.

*Mesmo as faculdades estaduais são pagas a preços simbólicos. (N.A.)

Esse era Richard Johnson, 43 anos. Cidadão americano, orgulhoso do seu país.

O silêncio da sala onde se encontrava foi quebrado quando Samantha, sua filha única com Geórgia, esposa amada, entrou no aposento, chamando-o, baixinho.

— Papai, papai.

Richard virou-se, com um sorriso bonito florindo nos lábios e perguntou:

— Sim, Sam, o que é?

Sam era o apelido carinhoso de Samantha.

— O que achou, papai?

A jovem girou lentamente o corpo, para exibir o vestido bonito que usava.

O sorriso nos lábios de Richard se alongou.

— Você está linda, filha.

A jovem deu uma nova volta e tornou a perguntar:

— Seja sincero, papai, você gostou mesmo?

— Já disse, *honey**, você está linda! — respondeu com os olhos cheios d'água.

Os olhos claros e vivos de Samantha, bem parecidos com os do pai, pareceram ficar mais claros, de alegria, de profunda alegria. Ela foi até ele e o abraçou, forte e carinhosamente.

— Oh, papai, como eu amo você!

— Eu também, Sam, eu também amo você, *honey*.

Samantha Galvani Johnson, carinhosamente chamada por todos, quase todos, de Sam, era uma jovem que acabara de completar a sua décima oitava primavera. O rosto era sensível e inteligente, a testa arredondada, as orelhas e o nariz num formato delicado e os cabelos de um castanho avermelhado. O traço que mais despertava atenção eram os olhos claros, de um azul esverdeado muito semelhantes aos do pai. Era, enfim, uma jovem com um rosto de boneca. Uma criatura sensível, revelando primorosa educação e um enorme potencial para a compaixão.

---

*Forma carinhosa dos americanos chamarem as pessoas queridas. (N.A.)

Quando o abraço entre pai e filha se desfez, Richard comentou:

— Hoje é o primeiro dia de neve em Chicago. Mesmo não estando lá, posso ver a neve deixando tudo branquinho, branquinho...

— O senhor deve sentir muita falta da neve, não? Porque o senhor fala com tanta nostalgia, com tanto carinho sobre ela. — comentou a jovem, com doçura na voz.

— Sinto mesmo, Sam. Acho que é porque me remete aos meus bons tempos de infância, filha. É o único dia em que eu consigo me sentir criança outra vez. Atravessar o portal do tempo, voltar ao passado. É uma pena que não neve em San Francisco. Se nevasse, tudo aqui seria perfeito.

Richard encerrou suas palavras, rindo, desculpando-se com a filha:

— Que bobo eu, não?

— Que nada, papai. Recordar é viver.

O pai tornou a beijar a filha na testa. Sorriu para ela e explicou:

— Tem de ser na testa, não quero ser acusado depois de ter borrado a sua maquiagem.

Novo sorriso floresceu no rosto da jovem.

— Nem acredito que você já esteja com dezoito anos, Sam. Até parece que foi ontem que eu a tinha, bebezinha, em meus braços. *Gosh**, como eu sinto saudade dessa época. Por que será que passa tudo tão rápido? O tempo deveria andar mais lentamente para que pudéssemos aproveitar melhor a vida ao lado dos filhos. Daqui a pouco estarei levando você ao altar para se casar.

Ainda com os olhos voltados para o passado, Richard comentou:

— Você adorava a canção do filme da Branca de Neve. Lembra?

— Adorava não, papai! Adoro! Quero entrar na igreja ao som dessa melodia.

— Mas você e o Daniel não pretendem se casar tão rápido, pretendem?

— Por que acha que ele quis ficar noivo de mim assim tão rápido, papai?

— Mas você é ainda tão menina.

---

*Expressão semelhante ao "Nossa!", "Cruzes!", "Deus..." no português. (N. A.)

— Não exagere, papai! Já passei dos dezoito anos. Veja o lado positivo de toda essa história. Quanto mais cedo eu me casar, mais cedo você e a mamãe terão netos e mais chances de terem bisnetos. Não é ótimo?

— Por esse lado, sim.

— Temos sempre de ver o lado bom das coisas, papai. Sempre.

— Mas eu não quero você morando longe de mim e da sua mãe. Quero você e seu futuro marido e filhos morando pertinho de nós. Bem pertinho. *Tipo assim...* na casa ao lado.

— Papai, não se preocupe. A firma onde o Daniel trabalha atualmente fica aqui mesmo, em San Francisco, e, portanto, vamos morar na mesma cidade, com certeza.

O pai tornou a abraçar a filha. Em meio ao abraço carinhoso, Samantha confessou:

— Eu sempre sonhei em me casar com um homem parecido com você, papai. Um verdadeiro príncipe.

— Eu estou muito longe de ser um príncipe, filha.

Geórgia, que entrava na sala naquele momento e ouviu as palavras do marido, deu sua mais sincera opinião:

— Que nada, *darling!(1)* Para mim você se encaixa muito bem no papel de príncipe. E digo mais, — acrescentou rindo. — Um príncipe encantado.

O pai envolveu a esposa com um braço, enquanto mantinha o outro em torno da filha. Os três ficaram ali, abraçados, por um longo e contagiante minuto.

Aos trinta e oito anos, Geórgia Galvani Johnson era uma criatura encantadora, com um quê de dama antiga: um pescoço longo e delicado, cabelos de um castanho pálido, emoldurando a cabeça de talhe primoroso, com suaves ondas naturais. Os olhos eram de um azul profundo e vívido que contrastava lindamente com sua pele clara, lisa como manteiga.

Geórgia conhecera Richard Johnson quando ele fazia residência médica em Los Angeles. Foi o que se pode chamar de paixão à primeira vista. Foi

---
(1)Querido(a).

uma grande surpresa para Richard descobrir-se apaixonado por ela. Para ele, que só se interessava pelos estudos e pela profissão, dar atenção ao que dizia o seu coração, foi uma grande vitória, e também uma grande conquista.

Tudo aconteceu muito rápido, ele a convidou para sair, ela aceitou. O primeiro lugar que ele a levou foi ao MacDonalds, sendo residente, não tinha dinheiro para oferecer-lhe coisa melhor. Foi o lanche mais saboroso que ambos comeram até aquele dia, nunca houvera aquele gosto tão bom antes, isso, certamente, porque havia um ingrediente a mais na receita, a paixão. Uma paixão que logo virou amor, um amor que chegou para ficar.

No segundo encontro, Richard levou Geórgia para um *happy hour* do *TGIF. (Thank God it's Friday!)(1)*. Era seu dia de folga, assim ele pôde beber um bocado de cerveja, rir à beça, descontrair-se como há tempos não fazia.

Ambos ainda se lembravam com carinho das piadas que contaram um para o outro naquele dia.

"Um homem da caverna perguntou a outro: 'Quantos homens são necessários para trocar uma lâmpada?'. A resposta foi: 'Dois? Três?'. O homem da caverna explicou: 'Nenhum! A lâmpada ainda não foi inventada!'".

O bom humor de Richard estava à flor da pele naquele dia e, se manteve assim, desde que Geórgia passou a fazer parte da sua vida.

O terceiro encontro do casal se deu num cinema, ele a convidou para assistir "Yentl" *(2)* com Barbra Streisand. Foi outro dia marcante para os dois. A noite terminou com um lanche no *Jack in the Box (3)*, outro *fast food* bastante popular da época.

— Um dia vou poder lhe oferecer jantares em restaurantes bons. — prometeu Richard a mulher amada nesse dia.

— Estes já são maravilhosos, Richard. Acredite-me. A sua companhia faz a diferença.

---

(1) Famosa rede de restaurantes dos Estados Unidos. Happy Hour é o momento em que as pessoas se reúnem em bares e restaurantes após o trabalho. (2)Um dos filmes mais marcantes da atriz/cantora. O primeiro a ser dirigido por ela. (3) Famosa rede de lanchonete Fast Food/Comida rápida nos Estados Unidos. (N.A.)

O dentes dele brilharam num sorriso bonito antes de ele fazer um desabafo:

— Eu gostaria muito de lhe falar coisas bonitas, Geórgia. Dizer-lhe frases de amor, mas sou uma negação para essas coisas.

Ela riu. Ele corou, até a raiz dos cabelos. Pediu:

— Não me deixe sem graça, por favor.

Ela tornou a rir.

— Richard você não existe.

A pergunta dele a seguir fez Geórgia rir ainda mais:

— Eu devo lhe pedir em namoro ou já está subentendido que nós já estamos namorando?

— O que você acha? — disse-lhe, entre risos.

— Eu não sei, você é a minha p... — Ele cortou a palavra. Corou novamente, baixou os olhos, voltou a encará-la, baixou-os outra vez, enfim, explicou:

— Eu menti para você quando disse que havia tido outras namoradas. Nunca houve. Você é a primeira. Não que eu não me interessasse por garotas antes, me interessava sim, mas... ou era os estudos ou era o namoro. Eu não poderia me dedicar as duas coisas igualmente, se é que me entende. A medicina requer muito empenho do aluno, ou ele se dedica a ela com garra ou não passará de um médico medíocre no futuro.

Por falar em medicina, Geórgia quis saber:

— Como surgiu essa paixão pela medicina?

Quando Richard terminou de narrar sua história, seus olhos estavam cheios d'água. Os de Geórgia também. Ela apertou delicadamente a mão dele entrelaçada a dela, para lhe dar conforto, paz e amor.

Ele subitamente chacoalhou a cabeça, como quem faz para se livrar de um mau pensamento, sorriu e perguntou:

— E você? Quando foi que você decidiu ser professora?

— Desde que eu era menina. Eu era aquela garotinha da família que reúne todos os irmãos, priminhos e colegas para brincar de escolinha. Desde que ganhei uma lousa num Natal, pedido feito ao Papai Noel por carta, escrita por mim de próprio punho, ninguém mais me segurou. Quando não havia irmãos, primos e amigos para se passarem por alunos, eu dava aula para alunos invisíveis, que eu criava na minha cabeça. Minha mãe, meu pai, meus tios me olhavam nessas horas, admirados, por me verem conversando com meus alunos invisíveis.

Os dois riram, Geórgia completou:

— A gente, quando criança, tem umas coisas loucas, né?

Richard concordou, sorrindo.

O cinema tornou-se para Richard e Geórgia, o ponto de encontro predileto de ambos. Não importava o gênero do filme — romance, comédia, aventura — tudo era bem-vindo, contanto, que estivessem juntos. O mais divertido era o pote de pipoca, *extra-large*, com bastante manteiga derretida, que os dois devoravam, enquanto assistiam ao filme. Os beijos, logicamente, tornavam-se salgados, mas isso pouco importava para eles. Com amor, tudo se torna divertido.

Juntos assistiram aos filmes que marcaram os anos de 1980 e 1981. Foram eles: A Lagoa Azul; Apertem os Cintos... O Piloto Sumiu; Em Algum Lugar do Passado; Gigolô Americano; O Homem-Elefante, 007 — Somente Para Seus Olhos, Amor Sem Fim, Arthur — O Milionário Sedutor; Corpos Ardentes, Fúria de Titãs, dentre outros.

Outro grande momento do casal se deu no dia em que ele confessou que estava disposto a se casar o mais breve possível, pois haveria de se mudar para San Francisco. Havia sido convidado para trabalhar num hospital da cidade, um emprego que lhe abriria portas, uma proposta imperdível.

A proposta pegou Geórgia desprevenida.

— Eu não esperava por isso, já, tão cedo. — confessou ela, entre lágrimas.

— Você acha, então, que é muito cedo para nos casarmos? Você tem dúvidas quanto ao que sente por mim, é isso?

— Não, Richard, não tenho dúvida alguma. É que estou emocionada e a emoção está me tirando o dom da palavra. Não sei me expressar diante de tamanha alegria.

— Você gostou então de...

— Se gostei?! Adorei!

— Aceita então o meu pedido de casamento?

— É lógico que sim, meu amor.

Ele sorriu, abraçou-a e a beijou.

No mês seguinte, os dois se casaram, numa cerimônia simples, mas feliz, repleta de convidados e os discos que eles mais gostavam, tocando na vitrola. Bee Gees, Diana Ross, Donna Summer, Lionel Rich, Barbra Streisand, Queen, Roling Stones, Lisa Minelli, entre outros.

Era dezembro de 1981.

A lua-de-mel de Richard e Geórgia foi em Las Vegas por sugestão da irmã de Richard. Havia sido ali que ela e o marido haviam passado a deles. De fato, não havia lugar mais interessante e até mesmo romântico para uma lua-de-mel do que Las Vegas. Chegaram a tentar a sorte num dos cassinos da cidade e ganharam uma boa quantia que serviu para abrilhantar ainda mais o momento tão especial e tão único da vida do casal.

O início da vida de casados foi também regada de muitas noites no cinema. Juntos assistiram A Força do Destino, A Escolha de Sofia, Jornada nas Estrelas II — A Ira de Khan; Grease 2 — Os Tempos da Brilhantina Voltaram, dentre outros. O filme E.T. O Extraterrestre ficou marcado na memória de ambos, por ter sido no dia em que Geórgia descobriu que estava grávida de Samantha. A menina nasceu em 12 de outubro de 1982.

Agora já era final de novembro do ano de 2000, ano em que Samantha completara 18 anos e finalizara o colegial.

Nos Estados Unidos o ano letivo tem início em agosto e finaliza em início de junho. O baile de formatura da turma de Samantha só estava acontecendo em final de novembro, ou seja, meses depois de eles terem concluído os estudos, porque foi a única data disponível que a turma conseguiu no clube mais badalado da cidade, no qual eles tanto queriam realizar a cerimônia de formatura.

Richard, Geórgia e Samantha estavam prestes a sair para o tão aguardado baile de formatura, quando Richard voltou-se para a filha e disse:

— Tenho uma surpresa para você, minha querida.

E, voltando-se para a esposa, completou:

— E para você também, *honey*. Mas a surpresa fica para depois que voltarmos do baile. Para encerrarmos a noite com chave de ouro.

Geórgia beijou o marido, agradecida. Richard protestou:

— Não me agradeça ainda, você nem sabe o que é.

— Qualquer coisa que vem de você, é maravilhoso!

Os dois tornaram a se beijar.

— Vamos lá, papai — atalhou Samantha —, dê-me uma pista sobre o que é.

— Se eu der, deixará de ser surpresa, *honey*.

— O senhor sabe o quanto sou curiosa. Não me deixe em suspense, que eu morro de ansiedade.

— Pois contenha a sua ansiedade, filha. Não direi uma só palavra até voltarmos para a casa.

— Está bem, está bem. — respondeu a jovem, fazendo beicinho.

Richard e Geórgia se entreolharam, achando graça da filha.

— Daniel! — exclamou Samantha, como que despertando de um sonho. — Coitado, vai chegar antes de nós. Quando não me encontrar à porta, como combinado, vai pensar que já entramos e vai se cansar de andar a nossa procura. Vamos, papai!

O pai abriu a porta da casa, deu passagem para a esposa e a filha saírem, trancou a porta e foi pegar o carro na garagem. Em menos de um minuto, o carro, um daqueles que são apelidados de banheira de quatro rodas, seguia em direção ao local onde o baile de formatura da turma de colegial da escola Abraham Lincoln High School estava tendo início.

CAPÍTULO 2

Daniel Hartamann estava aguardando pela chegada da noiva em frente à porta do salão onde se realizava o baile de formatura. O rapaz de expressão afável, de vinte e dois anos, não seria considerado bonito pelo melhor amigo, mas seu rosto irradiava muita simpatia, e os honestos olhos castanhos eram cordiais como os de um cão.

Usava um terno adequado para a ocasião, que caía muito bem pelo seu corpo esguio, com músculos definidos, bem proporcionais, adquiridos à custa de um trabalho exaustivo de musculação.

Os lábios do moço curvaram-se num sorriso bonito, ao avistar Samantha se dirigindo para o local onde ele se encontrava, seguida pelos pais. Seus olhos ficaram como dois faróis acesos, acompanhando o seu caminhar. Ele adorava Samantha, como ele a adorava...

Daniel relembrou-se, então, de que se conheceram numa fábrica de chocolates que havia nas proximidades de Fisherman's Wharf. Ele, louco por chocolates, frequentava o local pelo menos uma vez a cada quinze dias. No inverno, toda semana.

Samantha, nesse dia, havia ido à fábrica na companhia de duas amigas. Ela tinha 14 anos nessa época e Daniel 18.

O rapaz ficou com receio de se aproximar da jovem que tanto prendia sua atenção para trocar uma ideia com ela. Chegou a ficar por quase cinco minutos ensaiando o que lhe iria dizer e quase um minuto se criticando por achar seu texto piegas demais. Ele então despertou de seus pensamentos ao perceber que ela olhava na sua direção. Sem graça, ele sorriu, ela retribuiu o sorriso, ele tornou a sorrir e, ainda que trêmulo, foi até ela e disse:

— Eu sou um chocólatra, você também é?

— Também.

A resposta dela, imediata e num tom muito simpático causou no rapaz uma pontada de alívio, que relaxou seu peito.

— Toda vez que eu visito o lugar eu me lembro da Fantástica Fábrica de Chocolate *(1)*. — comentou ele, rompendo de vez o embaraço.

— Eu também. — riu, ela.

— É um dos meus filmes favoritos.

— Acho que é o filme favorito de todos que são *fissurados* por chocolate.

— Eu sempre quis ser uma das crianças que descobre o bilhete premiado numa das barras de chocolate WonKa. *(2)*

— Quem não quis, não é mesmo?

Os dois riram.

— Daniel. — apresentou-se ele, estampando um sorriso bonito na face.

— Samantha. — apresentou-se ela, retribuindo o sorriso.

— A feiticeira *(3)*? — brincou ele.

— Será que tenho poderes mágicos e não sei?

Os dois riram, novamente.

— Já cheguei a perguntar ao meu pai se meu nome é por causa do seriado. — comentou Samantha. — Ele jurou que não, mas descobri, tempos depois, que esse era um de seus seriados de TV, favoritos.

---

*(1) A fantástica fábrica de chocolate é um filme musical dirigido por Mel Stuart, lançado em 1971, baseado no livro infantil de Roald Dahl, publicado em 1964. A primeira versão do filme teve o ator Gene Wilder como Willy Wonka(2), o dono da fábrica. (3) Famoso seriado da TV americana dos anos 60. Conta a história de uma bruxa chamada Samantha e suas atrapalhadas. (4) Os Flintstones foi o primeiro desenho animado de meia hora para a TV, produzido pelos Estúdios Hanna-Barbera. Conta a história de uma família da pré-história. (5) Famoso personagem da série de TV Jornada nas Estrelas. (6) Personagem do respectivo filme. (N. A.)

Daniel, sorrindo comentou:

— A filha de um amigo de minha mãe, chama-se Wilma por causa dos Flintstones*(4)*. Não é incrível como os seriados e novelas influenciam os casais na hora de dar nome aos filhos?

— Se é. O duro é se o pai, encantado pela Jornada nas Estrelas, batiza o filho com o nome de Spock*(5)*.

— Ou de Chewbacca*(6)* por causa de Guerra nas Estrelas.

Novos risos.

Silêncio, olhos nos olhos, cheiro de chocolate. Elogios...

— Seus olhos são muito bonitos... — elogiou Daniel, prestando melhor atenção aos olhos de Samantha.

Samantha também lhe fez um elogio:

— Seus lábios, borrados de chocolate, também.

— Borrados? — assustou-se o rapaz, voltando-se rapidamente para o local da loja que tinha espelhos na parede.

Havia realmente um borrão de chocolate no canto dos lábios, constatou. O embaraço foi tanto que Daniel ficou vermelho como um pimentão.

— Que vergonha... — lamentou. — E você não me diz nada?

— Disse agora.

Nova vermelhidão cobriu o rosto do rapaz. Samantha riu e ele acabou rindo também. A intimidade entre os dois se intensificou.

— Qual é o seu chocolate favorito? — quis saber ele, minutos depois. — Com uva passa, com *cookies* *, recheado com caramelo ou *marshmellow*, crocante, escuro *(dark)*, branco, qual?

— Preciso mesmo responder? — questionou Samantha, lançando um olhar maroto sobre o rapaz. — A resposta é tão óbvia.

Daniel corou, novamente, sem entender. Samantha continuou olhando para ele, aguardando por sua compreensão. Só então, o rapaz compreendeu aonde ela queria chegar.

— Seu chocolate favorito é... Todos! — disse, sorrindo.

---

*Bolacha típica americana com gotas de chocolate. (N. A.)

O sorriso dela o fez perceber que ele havia acertado em cheio.

— Que estúpido fora eu para não perceber isso antes. — recriminou-se o jovem. — Por fazer uma pergunta tão idiota, não?

— É humano errar, sabia?

— É?

— Sim.

Novo sorriso iluminou a face dos dois. Depois de um breve silêncio, Daniel perguntou:

— Quantas vezes mais eu vou ter de calar a minha voz, mergulhar fundo nos seus olhos para fazê-la compreender que estou bastante envergonhado para lhe pedir seu telefone, para ligar para convidá-la para um cinema, um teatro, um passeio pelo Golden Gate Park*?

A resposta dela surpreendeu o rapaz:

— Eu ia lhe fazer a mesma pergunta.

Ele mordeu os lábios, sorrindo, levemente. Pegou um dos papéis promocionais da loja e anotou o telefone dela.

— Agora sim! — confessou. — O nosso encontro foi perfeito. Quando posso ligar?

— Quando quiser.

— Daqui a um minuto?

— Hum... Acho melhor à tarde, daqui a um minuto ainda estarei aqui na sua frente, saboreando chocolates.

Ele riu, ela riu.

— Você é sempre assim? De alto astral, de bom humor? — indagou ele, ainda achando graça das palavras dela.

— O que acha? Arrisque um palpite...

— Samantha, você é muito diferente das jovens que conheci até então. É rápida nas respostas, pergunta o que deve ser realmente perguntado, tem bom humor, é inteligente... e ama chocolates como eu. Samantha você é admirável.

---

*Famoso parque da cidade de San Francisco, com museu, jardim oriental, concha acústica e etc. Um dos pontos túristicos mais lindos da cidade. (N. A.)

— Você também, Daniel.

Nisso as duas amigas de Samantha, fizeram-lhe sinal para irem embora.

— Preciso ir, minhas amigas estão me esperando.

— Eu ligo para você à tarde, quem sabe, podemos pegar um cineminha à noite. Que tal?

— Dependendo do filme, aceitarei o convite.

— Sinta-se à vontade para escolher o filme.

— Posso mesmo? Que tal vermos "O casamento do meu melhor amigo" com Julia Roberts? Dizem que é muito bom. Ou você prefere "Batman e Robin"? Os dois estrearam esta semana.

— Vou preferir "O casamento do meu melhor amigo". Que tal? Fechado?

— Fechado!

— Ligo à tarde para apanhar seu endereço. Até lá.

— Até lá.

Naquela tarde, como havia prometido, Daniel ligou para a casa de Samantha. À noite ele passou para apanhá-la em sua casa. Antes de saírem, Richard e Geórgia quiseram conhecer o rapaz, conversaram por cerca de meia hora, o suficiente para terem uma boa impressão da sua pessoa.

A seguir, Daniel e Samantha foram ao cinema assistir "O casamento do meu melhor amigo". O filme que marcou uma geração, marcou fundo, também, Daniel e Samantha. Por um motivo a mais, por ter sido o primeiro de muitos que eles assistiriam juntos. A canção "I say a little prayer", tema do filme, tornou-se uma das canções favoritas do casal, prometida para tocar no casamento, caso um dia se casassem.

Ao fim daquela noite, Daniel revelou à Samantha seu interesse em namorá-la. Ela aceitou de prontidão, em menos de dois dias, os dois pareciam que namoravam há anos.

Antes de dormir, Samantha ficava sempre, por alguns minutos, relembrando as palavras que trocara com Daniel no dia em questão. Tudo o que ele lhe dizia, desde a primeira noite, tão carinhosamente soava-lhe tão sincero, tão profundo... Assim, ela dormia um sono tranquilo.

No final daquele ano, seis meses depois de terem se conhecido, o casal se emocionou mais uma vez no cinema, ao assistirem os filmes "A vida é bela" e "Titanic".

De volta ao baile...

Nem bem Daniel e Samantha entraram no clube, a banda que animava o baile, começou a tocar "Evergreen", canção que se tornou famosa na voz de Barbra Streisand, tema do filme "A Estrela Nasce", um dos grandes sucessos do cinema, estrelado pela própria Barbra e o ator, Chris Cristopherson.

— Concede-me essa dança, *mademoisele?* — brincou Daniel, afrancesando a voz.

— *Oui, monsieur.* — respondeu Samantha, graciosamente.

Um rápido sorriso brilhou no rosto maravilhoso de Daniel, um rosto encantador que permitia a Samantha compreender a sutil atração que sentia por aquele homem.

Os dois entraram no salão e se deixaram levar por um "Dois pra lá, dois pra cá"

— Faltava a gente fazer isso, né? — comentou Daniel, ao pé do ouvido da jovem amada. — A gente nunca dançou junto antes, de rosto colado, feito chicletinho... Aliás, a gente ainda não fez um montão de coisas juntos.

— A gente vai fazer, meu amor. Todas elas e muitas outras.

Ele sorriu, beijou-lhe os lábios e comentou:

— Ainda me lembro, como se fosse hoje, de quando nos encontramos na fábrica de chocolate, do receio de me aproximar de você e trocar uma ideia. Dos segundos que fiquei ensaiando o que eu iria dizer para você e dos segundos que perdi me criticando por achar meu texto piegas demais. Lembro com nitidez da primeira vez em que você sorriu para mim e eu sorri, ainda que trêmulo, para você. Do momento em que falei: "Eu sou um chocólatra, você também é?" e da pontada de alívio, relaxando o meu peito, quando você respondeu: "Eu também".

"Como a gente é bobo e inseguro, não? Se eu não tivesse rompido o medo e a vergonha, poderia ter perdido a oportunidade de conhecê-la.

"Lembro também, como se fosse hoje, do momento em que a paixão por você explodiu dentro do meu peito, como se fosse fogos de artifício. Da hora em que expus meus sentimentos por você e você me surpreendeu dizendo que sentia o mesmo por mim. Da surpresa maior que foi quando, no cinema, você tocou a minha mão, depois a envolveu, entrelaçou seus dedos nos meus...

"Uma certeza eu tenho, Samantha: foi o destino quem nos uniu. Lindo e surpreendentemente."

A última palavra encerrou-se com um beijo, transbordando afeto e paixão. Segundos depois, Samantha assumia a direção da conversa.

— Já lhe disse que quero ter pelo menos três filhos? Uma menina e dois meninos. Agora, você vai brigar comigo quando souber que já tenho, desde menina, os nomes para pôr neles três?

— Jura?! — entusiasmou-se Daniel.

— Sim!

— Quais são?

— Rebecca, Joshua e Ben.

O rosto distendido, alegre e bem disposto de Daniel iluminou-se. Ele repetiu os nomes, baixinho, parecendo saborear cada sílaba.

— Você vai brigar comigo por causa dos nomes, não? — indagou Samantha, olhando firme para o noivo. — Saiba que eu não abro mão deles.

— Eu jamais vou brigar com você, Sam. — respondeu ele, com voz embargada. — Seria um tolo se brigasse por causa disso.

Samantha assentiu com a cabeça, segurando-se para não chorar, para não borrar o lápis preto em torno dos olhos.

— O nosso encontro foi um encontro de almas. Almas afins. — comentou Daniel a seguir.

Ela sorriu e ele beijou-lhe os lábios novamente, transbordando afeto e entusiasmo.

Nisso, a banda começou a tocar "My Heart Will Go On" tema do filme Titanic, filme que emocionou o mundo em 1998 e mereceu o Oscar de melhor filme do ano.

— Desde que assisti "Titanic", volta e meia me pego pensando no filme. Acho que jamais vi um filme tão emocionante.

— Eu também não. A estatueta de melhor filme do ano foi merecida.

— Sem dúvida. A atuação de Kate Winslet foi maravilhosa. Ela é realmente uma atriz, no sentido geral da palavra.

— Essa música é perfeita, não? Na voz de Celine Dion, então... Seria lindo se fosse essa a canção de abertura da cerimônia do nosso casamento.

— Adorei a ideia! — entusiasmou-se Samantha. — Eu havia pensado em entrar ao som do tema da Branca de Neve, mas essa é muito melhor.

— Poremos a canção tema do filme da Branca de Neve para tocar no meio da cerimônia ou no final.

— Você sempre pensa em tudo, Daniel.

— E não?

Ele riu, ela riu, os dois se beijaram.

Enquanto isso, a uma certa distância, Richard Johnson observava a filha dançando com o noivo. Geórgia aproximou-se do marido e perguntou:

— No que o meu amor está pensando?

Ele sorriu, deu-lhe um *selinho* e respondeu:

— Estava admirando Sam, de longe, nos braços de Daniel e vi neles, nós dois no passado, na festa do nosso casamento. Você estava tão linda, Geórgia. Foi uma noite tão emocionante para mim. Inesquecível.

— Nós dançamos tanto aquela noite que meus pés criaram bolhas por causa do sapato, lembra?

— Lembro.

— Por falar em dançar, por que não repetimos a dose? Será que vou ter de dar uma de mulher moderna, que ao invés de esperar que o rapaz a tire para dançar, ela toma a atitude?

Richard sorriu e, sem demora, pegou a mão da esposa e a levou para a pista de dança. Por longos e demorados minutos os dois dançaram sem tirar os olhos um do outro, deixando que eles falassem mais do que palavras. Tudo mais em volta deles pareceu se apagar para ambos. De repente, parecia-lhes haver somente os dois no meio da pista embalados pela linda canção de Billy Joel "The way you are", reproduzida lindamente pela banda.

Subitamente a banda mudou os ritmos. Pulou das canções românticas para o rock, executando canções que se tornaram populares na voz de grandes roqueiros, começando por Elvis Presley: "Rock Around the Clock". Ninguém no salão conseguiu ficar parado, até os idosos mexiam os quadris, ou os pés ou os dedos. O salão, como se diz na gíria, pegou fogo!

Um dos pontos culminantes da festa foi quando a banda tocou "Stayin' Alive" tema do filme "Os embalos de sábado a noite", eternizada na voz dos Bee Gees. Quando tocaram "Disco Inferno", do The Trammps, o salão foi ao clímax. Na hora de "Thriller" de Michael Jackson, a maioria dos alunos formandos imitou o modo de dançar do cantor, foi uma tremenda algazarra.

Em meio a tudo isso, os alunos brindavam sua formatura, erguendo taças de champanhe para o alto, e urrando, extravasando a alegria de terem terminado o colegial.

Já era uma hora da manhã quando Richard, Geórgia, Samantha e Daniel deixaram a cerimônia. À porta do clube, Daniel Hartamann cumprimentou novamente a noiva, envolvendo-a num abraço carinhoso.

— Parabéns, Sam, mais uma vez.

Voltando-se para Richard e Geórgia, o rapaz também os parabenizou e lhes desejou boa-noite. Antes de pegar o carro da mão do manobrista, Daniel tornou a perguntar a Sam se ela não queria que ele a levasse para a casa.

— Não há por que, meu amor. — respondeu ela, gentilmente. — Você mora aqui pertinho, não há razão para você atravessar, praticamente toda a cidade, para me levar, se estou com o papai.

Ele novamente beijou a noiva e partiu lançando um de seus sorrisos cativantes e apaixonados.

A seguir, o manobrista trouxe o carro de Richard. O médico deu a habitual gorjeta ao rapaz e entrou no carro. Assim que a esposa e a filha entraram no veículo, ligou o motor e partiu.

Como de hábito, Richard ligou o rádio na sua estação favorita. O radialista informava os ouvintes, naquele momento, que no dia seguinte, domingo, faria ainda mais frio.

— Amanhã, assim que eu acordar, vou providenciar a madeira para acendermos a lareira. — alegrou-se Richard. — E você, meu amor, providencie a pipoca.

Dirigindo-se à filha, Richard sugeriu:

— Se você quiser convidar o Daniel para assistir a um filme conosco, ao lado da lareira, comendo pipoca, amanhã...

— Vou convidá-lo sim, papai. O senhor sabe que ele adora esses momentos em família.

Nisso, começou a tocar na rádio a versão original de "Endless love"*, famosa na voz de Lionel Richie e Diana Ross. Tema do filme "Amor sem fim", estrelado por Brooke Shields e Martin Hewitt e dirigido por Franco Zefirelli. Um filme que marcou o ano de 1979.

— Essa música é linda... — comentou Samantha.

— E tão triste...

— Linda e triste como o filme.

— Linda e triste como a vida... Como a neve... — opinou Geórgia. — Ainda me lembro, como se fosse ontem, o dia em que fui assistir ao filme. Fui com minha mãe e minha irmã. Era o filme sensação do momento. Nós três saímos da sessão com os olhos borrados de tanto chorar.

— Eu também chorei, mamãe, quando assisti ao filme pelo vídeo-cassete. Acho que todo mundo chora. É uma história tão tocante que é impossível deixar de se emocionar.

— Você acredita, Sam, que seu pai tem a coragem, até hoje, de dizer que o filme não o fez derramar nem uma lágrima sequer? Pode uma coisa dessas?

Richard riu. Todos riram. Minutos depois, o carro entrava no bairro onde a família morava. O veículo havia acabado de entrar na rua onde ficava a casa da família quando o celular de Richard, tocou. Geórgia olhou para o bina e disse:

— É do hospital, querido.

— Do hospital?! — estranhou Richard. — A uma hora dessas? Não atenda. Eu disse para eles não contarem comigo esta noite.

— Papai — interveio Samantha —, acho melhor você atender, pode ser urgente.

— Quando se trata de uma ligação de hospital, minha querida, é sempre algo urgente. Mas não se preocupe, o hospital conta com uma equipe enorme para casos de emergência noturna, eles que...

O celular parou de tocar. Richard suspirou, aliviado e disse:

— Se desistiram é porque não era tão urgente.

Nem bem fechou a boca, o aparelho tornou a tocar. Samantha foi enfática, novamente:

— Papai, é melhor você atender.

— Samantha está certa, querido — observou Geórgia — é melhor você atender.

A contragosto, Richard Johnson pegou o aparelho e disse.

— Alô. Sim, é Richard Johnson quem fala. Urgente? Mas o doutor Peterson não está de plantão? Sei... Tem certeza? Sim, logicamente que vocês não teriam ligado se não fosse urgente. Está bem, estou indo já para aí.

Richard desligou o aparelho, contrariado.

— Nem na noite mais importante para a minha filha eu tenho sossego. — desabafou.

Geórgia procurou, como sempre, confortar o marido.

— Vida de médico é assim mesmo, Richard. Não se preocupe, eu e Sam já estamos acostumadas.

— Poxa! — lastimou Richard. — E quanto a surpresa que planejei para vocês para a hora que voltássemos para a casa?

— A surpresa pode esperar, meu bem, a vida de alguém, não.

As palavras da esposa pareceram acalmar o marido.

— Você tem razão, *honey*. Como sempre.

— Vá para o hospital, querido. Amanhã você nos dá o presente surpresa.

— Você não existe, Geórgia. Sempre tão compreensiva comigo, com essa minha vida louca de médico.

— Desde o momento em que eu soube que você escolhera a profissão de médico, eu sabia que a minha vida de casada, caso eu me decidisse casar com você, seria cheia de contratempos.

Richard sorriu, parou o carro no meio fio em frente a casa onde moravam, beijou a esposa na testa e, com lágrimas nos olhos, disse:

— Geórgia, você é a mulher mais linda do mundo. Sinto orgulho de você. Você foi um presente de Deus. De todos, o mais lindo. Eu a amo.

— Eu o amo também, Richard.

Eles novamente se beijaram e, só então, ela deixou o carro. Samantha já havia saído do veículo pela porta de trás, parou rente à janela do motorista, curvou-se e beijou o pai, externando o seu carinho.

— Obrigada, papai. Obrigada mais uma vez por tudo.

O pai sorriu, consternado e partiu.

Pelo retrovisor pôde ver a filha e a esposa acenando para ele e, depois, seguindo para a porta da frente da casa onde moravam.

— Eu também sabia, Geórgia — pensou Richard, em voz alta —, que a minha vida seria assim, meio maluca, se eu decidisse seguir a carreira de médico. Se eu não amasse a medicina, se ela não tivesse gritado dentro do meu peito, mais que tudo, desde que eu era um garoto, eu poderia ter seguido outra carreira, uma bem mais tranquila.

"Dizem que é a gente que determina cem por cento o rumo da nossa vida. Mentira! A gente comanda cinquenta por cento, os outros cinquenta já estão predestinados. A vontade de ser médico já nasceu comigo, já trouxe em minha alma, na minha bagagem espiritual, como afirmam os esotéricos. Posso dizer que a vida quis que eu fosse médico, se não quisesse não teria me feito nascer com esse interesse e habilidade para a medicina. Sim, interesse e habilidade, pois não basta querer ser médico, tem de ter dom para isso. Disso estou mais do que certo."

Richard aumentou o volume do rádio, queria, de repente, que uma canção quebrasse o silêncio que ficou na sua companhia. Um silêncio desconfortável.

CAPÍTULO 3

As ruas da cidade estavam vazias àquela hora da noite. Isso permitiu que Richard chegasse rápido e com tranquilidade ao hospital.

Assim que entrou no local, um dos integrantes da equipe médica do doutor Peterson Medina correu até ele.

— Doutor Richard, que bom que veio. Desculpe-nos por chamá-lo assim, numa hora tão inoportuna, mas... é um caso de vida ou morte.

— Não tem problema, Erik. São ossos do ofício. Conte-me o caso enquanto me preparo para entrar na sala de cirurgia.

Ao passar pela sala de espera, Richard avistou Ângela* Bertran, filha da senhora que se encontrava na mesa de cirurgia. Era uma mulher de sua idade, seus olhos estavam vermelhos e lacrimejantes. Ele percebeu que havia um apelo dentro deles, uma súplica: "salve a minha mãe, pelo amor de Deus."

Richard sentiu vontade de ir até ela para tranquilizá-la, mas o tempo urgia, decidiu fazer isso depois da cirurgia.

Enquanto Erik Cruise, explicava todo o caso, Richard Johnson se vestiu com uma velocidade impressionante, esterilizou o corpo e correu para a sala de cirurgia. A paciente jazia sobre a mesa de operação. Tratava-se de uma

---

*Os nomes Geórgia, Ângela e outros mais que aparecem ao longo desta história não são acentuados na língua inglesa, foram aqui para dar uniformidade ao texto. (N. A.)

senhora de 75 anos. Safena, urgente. Já estava sedada. Richard tomou sua posição diante da mesa e, sem delongas, começou a operação.

— Onde está o doutor Peterson? — perguntou enquanto tomava os primeiros procedimentos.

Dois dos assessores se entreolharam, incertos quanto ao que responder. Anita Trent, a anestesista foi quem respondeu à pergunta do médico:

— Depois nós conversamos a respeito do doutor Peterson, doutor.

Richard assentiu com a cabeça, enquanto sua mão, com precisão tamanha, abria o peito da paciente com um bisturi.

Enquanto isso na sala de espera, Ângela Bertran suplicava a Deus para que tudo corresse bem com a mãe durante a cirurgia. Sua mãe era-lhe tudo, não suportaria vê-la morta.

Richard respirou aliviado quando a cirurgia teve fim, a operação fora um sucesso. A paciente parecia estar reagindo muito bem àquilo tudo, o que era muito positivo para uma senhora na idade dela.

— Parabéns, pessoal! — cumprimentou o médico a equipe do Dr. Peterson Medina.

Todos agradeceram e congratularam Richard pelo seu excelente desempenho. Assim que deixou a sala, Richard voltou-se para equipe e perguntou:

— Alguém pode me explicar agora o que houve exatamente com o doutor Peterson?

Os membros da equipe tornaram a se olhar, foi Anita Trent quem se prontificou, mais uma vez, a dar a resposta ao médico:

— Queira me acompanhar, doutor.

Richard a seguiu pelo corredor que findava numa das alas de quartos do hospital. Diante de um dos aposentos, Anita Trent parou. Olhou para um lado, depois para o outro, só então girou a maçaneta. Richard achou estranho seu comportamento, mas preferiu não se manifestar. No quarto, à meia luz, estava o doutor Peterson deitado sobre uma cama. Estava, ao que parecia, dormindo.

— O que houve com ele? — quis saber Richard, estranhando a situação.

Pelo olhar de Anita, Richard soube rápido e precisamente o que havia acontecido com o colega de profissão.

— Outra vez?! — queixou-se Richard, com profundo desagrado.

Anita baixou os olhos, como quem lamenta muito um acontecimento.

Richard foi até a cama, examinou o amigo e comentou:

— Peterson não pode continuar assim. Vai morrer, se continuar se drogando dessa forma.

— Ele estava histérico, doutor. — explicou Anita Trent. — Teve um ataque de pânico bem no momento em que a cirurgia estava prestes a começar. Tentamos controlá-lo, mas ele, como sempre, tornou-se agressivo. Erik e Michael o seguraram e aplicamos nele, à força, uma injeção para ele se acalmar.

— Vocês fizeram a coisa certa, Anita. Parabéns.

— Obrigada, doutor.

— Se a direção do hospital descobre o que se passa com Peterson, ele pode não só perder o emprego, como também perder o diploma. As leis de medicina são muito rigorosas neste país.

— Tememos isso, por isso o trouxemos para cá e chamamos o senhor.

— Fizeram muito bem. Bem, deixe-me ir. Hoje foi o baile de formatura do colegial da minha filha. Estava voltando do baile quando... Bem, você sabe.

— Dê meus parabéns a ela e a sua esposa pelo grande dia.

— Darei sim, Anita, muito obrigado. Havia reservado uma surpresa para as duas, para assim que chegássemos em casa, de volta do baile, mas com esse imprevisto, fui obrigado a deixar a surpresa para amanhã. Duvido que elas ainda estejam acordadas até a essa hora. Mas, tudo bem... São ossos do ofício, né?

Sem mais, Richard foi até o vestiário, trocou de roupa e partiu. Quando passava pela sala de espera, avistou Erik conversando com a filha da senhora de 75 anos que acabara de ser operada. O recém-formado expunha-lhe o resultado da cirurgia.

Ângela Bertran ouvia tudo com lágrimas nos olhos, tamanha a emoção.

— A senhora está bem? — preocupou-se Erik.

— Sim, apenas emocionada. É tão bom saber que minha mãe está fora de perigo, que está viva, você não faz ideia... Nem sei como agradecer o que lhe fizeram.

— Fizemos só a nossa obrigação, minha senhora. — explicou Erik. De modo conciso.

Richard apertou o passo assim que tomou a plataforma que levava até o estacionamento do hospital. Logo que entrou no carro, como de hábito, ligou o rádio. A FM tocava naquele momento uma de suas musicas favoritas. "Crazy for you" com Madonna. Ele voltou para a casa, cantarolando a canção.

Assim que entrou na rua em que morava, avistou ao longe, luzes e mais luzes, vermelhas, de viaturas da polícia. Quando o carro se aproximou do local, Richard ficou surpreso com a quantidade de viaturas estacionadas ao meio fio do quarteirão onde morava. Havia também um bocado de guardas por lá. O que teria acontecido?

Um calafrio percorreu-lhe a espinha ao perceber que os carros de polícia estavam estacionados bem em frente a sua casa e os policiais caminhavam de um lado para o outro pelo jardim em frente a ela. Havia vizinhos também por ali, dentro de seus roupões, olhando para o local.

Richard desligou o rádio no mesmo instante e, ao perceber que a entrada para a sua garagem estava bloqueada por uma viatura da polícia, decidiu estacionar seu carro ali mesmo na rua. Saltou de dentro dele e correu na direção da sua casa.

Um policial, ao vê-lo foi até ele. Diante do homem, Richard abriu a boca e fechou-a novamente. Ele queria fazer tantas perguntas de uma vez que achou difícil saber por onde começar. Precisou de toda força interior que tinha para formular uma pequena frase:

— O que houve? Onde estão a minha mulher e a minha filha?

O policial o deteve.

— O senhor é o dono da casa?

— S-sou. — respondeu Richard, começando a tremer por inteiro. — O que está acontecendo? Deixe-me passar, por favor.

Richard tentou driblar o policial, para poder seguir até a casa, mas o homem foi rápido, segurou-o firmemente, e insistiu:

— Acalme-se, meu senhor.

— Preciso ver minha esposa e a minha filha. Por favor, deixe-me passar.

Só então Richard se deu conta de que era observado pelos vizinhos: Jim Hebel e sua esposa Jennifer. Moravam ao lado da sua casa, e de todos os vizinhos, eram os mais próximos. O casal também estava dentro de seus roupões, olhando horrizados na sua direção.

— O que houve?! — gritou Richard, subitamente. — Pelo amor de Deus, alguém aqui quer me explicar o que está acontecendo? Por favor!

Nesse instante os paramédicos saíram da casa de Richard carregando duas macas, numa estava Geórgia, noutra Samantha. Ao avistá-las, Richard gritou:

— Não! Não!

A visão provocou um súbito e entrelaçado formigamento na ponta dos dedos e no rosto de Richard.

Jim Hebel correu e o confortou em seus braços.

— Calma, Richard, calma!

— Não! — gritava ele, tentando se livrar dos braços do amigo.

Jim tentou explicar:

— Geórgia e Samantha estão sendo levadas para o hospital, Richard.

— O que houve?

— Um assalto.

Os olhos de Richard arregalaram-se tomados de horror. Voltando-se para o policial, Richard suplicou:

— Deixe-me vê-las, por favor! Sou médico.

A autoridade se opôs novamente ao seu pedido.

— O senhor não está em condições no momento...

Richard não deixou o homem completar a frase. Num berro, calou-lhe a voz:

— Você não está dentro de mim para saber se estou ou não estou em condições... Trata-se da minha mulher e da minha filha.

33

Nesse momento a ambulância partiu levando Geórgia e Samantha para o pronto socorro do hospital mais próximo dali.

— Para que hospital estão levando as duas? — exaltou-se Richard. — Diga, homem, por favor.

O policial se atrapalhou na resposta, porque não sabia ao certo qual dar.

— Vou me informar, Richard, e o levo para lá. — prontificou-se Jim Hebel. — Agora, procure se acalmar.

— Oh, Jim.

— Acalme-se, meu velho.

Nisso, Jennifer, a mulher de Jim, que naquele ínterim já havia vestido uma roupa mais adequada, acercou-se dos dois e disse:

— Eu vou com vocês. Aqui está a chave, Jim.

Jim Hebel, passando o braço pelas costas de Richard o conduziu para o seu carro. Era preciso escorar o amigo, pois ele, naquele momento, mal se mantinha em pé. Assim que Jim e Jennifer Hebel conseguiram fazê-lo entrar no carro, seus olhos explodiram num choro agonizante e desesperador.

— Como a polícia ficou sabendo do assalto? — quis saber Richard assim que o veículo se pôs em movimento.

Foi Jennifer quem respondeu:

— Ouvimos tiros e gritos vindos da sua casa, Richard. Deduzi, imediatamente, que se tratava de um assalto, acordei Jim e ligamos para a polícia.

— Tiros?! — exclamou Richard, barbarizado.

— Sim, Richard, tiros. — reforçou Jennifer. — O assaltante deveria estar na casa quando Geórgia e Samantha entraram, devem tê-lo pego de surpresa. Ele ou eles, sabe se lá quantos havia, no desespero, diante de algum movimento estranho por parte delas, atirou.

— Eu não devia tê-las deixado sós, não devia. — lamentava Richard, lacrimoso.

— Se pudéssemos prever tudo o que vai nos acontecer, Richard, coisas desagradáveis como essa jamais nos aconteceriam.

— Foi uma noite tão perfeita, estávamos todos tão felizes. Foi a formatura de colegial da Samantha. Ela estava tão linda... Uma noite para se guardar para sempre na memória. Não posso acreditar que essa desgraça tenha nos acontecido, não posso!

No minuto seguinte, eles chegaram ao hospital. Nem bem Jim Hebel estacionara o carro, Richard saltou de dentro dele, mas Jennifer foi rápida, segurou o vizinho pelo braço e pediu-lhe em tom de súplica.

— Espere por nós, Richard, por favor.

Os olhos dele, vermelhos e lacrimejantes voltaram-se para ela. Jennifer nunca vira tanta dor transparecer nos olhos de alguém como via agora nos de Richard Johnson.

Jim fechou o carro e se juntou a eles.

— Vamos.

Seguiram direto para o pronto socorro do hospital. Foram logo informados que Samantha e Geórgia haviam seguido direto para a sala de cirurgia. Os médicos esperavam extrair a bala que se alojara perto do baço de Geórgia. Quanto a Samantha, a funcionária não sabia ao certo o que informar.

Richard voltou os olhos na direção do corredor que levava a U.T.I. e suplicou:

— Elas não podem morrer, não podem... são tudo o que tenho de mais precioso na vida.

Jim e Jennifer conduziram o amigo até a sala de espera e o fizeram se sentar no sofá que havia ali. Richard encolheu-se na cadeira, assim que uma onda de calafrios começou a alastrar pelo seu corpo. Seus olhos embaçaram, o enjoo e a tonteira que o atormentavam, pioraram. Diante do seu estado, Jennifer foi pedir auxílio a um dos médicos do pronto socorro.

Após explicar, em poucas palavras, a situação de Richard, o médico plantonista prescreveu-lhe um calmante. Foi ele próprio quem entregou o comprimido para Richard.

— Senhor Richard. — disse o recém-formado. — É melhor o senhor tomar este calmante.

Richard dispensou a sugestão com um gesto de mão. O médico novato repetiu o que dissera, desta vez, em tom de ordem:

— Beba, por favor. Será melhor para o senhor.

Richard acabou obedecendo, tão nervoso estava que mal conseguia segurar o copo com água nas mãos. Antes que o derrubasse, o plantonista o segurou para ele. Richard chegou a engasgar depois do primeiro gole.

Jennifer e Jim Hebel agradeceram ao jovem médico. Minutos depois, Richard dava sinais de melhora. Um pouco de cor voltou ao seu rosto e os calafrios diminuíram.

— Sinto-me tão impotente. — desabafou. — Eu deveria estar lá, na sala de cirurgia, agora, procurando ajudar...

A observação de Jim foi muito pertinente:

— Não neste estado, Richard.

O bom senso de Richard o fez concordar com o amigo.

— Vocês tem razão. Nervoso como estou, poderia atrapalhar ao invés de ajudar.

Houve uma pausa até que Richard sugerisse para o casal de amigos:

— Voltem para casa, meus amigos. Eu fico aqui, aguardando o término da cirurgia, aguardando por notícias.

— Que é isso, meu velho? Ficaremos com você.

— Que nada, vocês precisam dormir, vocês trabalham cedo amanhã.

— Amanhã é domingo, Richard, esqueceu?

— Havia esquecido completamente.

Jim Hebel ajeitou-se na cadeira que ficava do lado direito a que Richard ocupava, enquanto Jennifer se sentou na que ficava do lado esquerdo a dele.

Jennifer estava silenciosa, porque orava em silêncio. A seu ver, a única forma de ajudar Geórgia e Samantha a escaparem daquela tragédia era juntando a oração com a ação dos médicos.

Enquanto isso, na sala de cirurgia do hospital, doutor Jacob Shadday e sua equipe continuavam tentando extrair a bala do corpo de Geórgia. Toda equipe médica estava sob forte tensão, o caso era muito grave, as chances de ela sobreviver, eram mínimas.

    Do outro lado da cidade, numa cama confortável, Daniel Hartamann dormia tranquilo, nem sequer imaginava o que estava acontecendo com a jovem que tanto amava e sua mãe naquele momento. Naquele instante, Daniel sonhava com Samantha, com os dois dançando a música tema do filme "Titanic". E Samantha estava linda dentro de um vestido branco que realçava ainda mais a sua beleza e destacava seus olhos azul-esverdeados vivos, lindos e profundos.

CAPÍTULO 4

Eram seis e meia da manhã quando o médico, o doutor Jacob Shadday chegou para dar a Richard as últimas notícias sobre o estado de Geórgia e Samantha. Sua fisionomia preparou-o para o que ele ia dizer:

— Richard, a operação teve o êxito esperado, conseguimos extrair a bala, entretanto, sua esposa não está reagindo como esperávamos.

— Eu preciso ver minha esposa, doutor, por favor.

— Tudo bem, Richard, acompanhe-me.

Antes de seguir o médico, Richard voltou-se para Jim e Jennifer e tornou a insistir:

— Vão para a casa, vocês dois, por favor.

O casal de amigos tornou a se opor à sugestão:

— Iremos somente quando você for, Richard. Você também precisa descansar. Vá ver Geórgia, agora. Nós aguardamos por você aqui.

Richard assentiu e seguiu o Dr. Jacob.

Diante da porta da U.T.I. para onde Geórgia havia sido levada, Richard fez um pedido muito sério ao médico:

— Quero entrar só, Jacob. Por favor.

O médico concordou, disse apenas:

— Se precisar de alguma coisa, não hesite em me chamar. Combinado?

Richard engoliu em seco e afirmou que sim, com a cabeça. Respirou fundo e prosseguiu:

Ver Geórgia sobre o leito, toda entubada, foi um choque para ele.

De novo, a realidade chegava até ele com incrível impacto. Como um tapa de um vento a cem km por hora.

Richard tentou fugir da visão assustadora que a realidade lhe imprimia, desviando os olhos para um canto qualquer do quarto da U.T.I., procurando respirar fundo, bem fundo, na esperança de se tranquilizar e apagar o quadro triste que vira há pouco.

Ficou por quase um minuto assim, somente quando sentiu sua cabeça menos atordoada é que voltou, ainda que inseguro, a olhar para a esposa no leito. A visão tornou a perturbá-lo e a escuridão ameaçou envolvê-lo outra vez. Foi preciso apoiar se contra a parede até cessar a vertigem.

Suas pernas vacilavam, como as de um bebê que tenta ficar em pé pela primeira vez ou as de um homem que misturou a seu sangue fortes doses de uísque. Richard começou, então, a repetir para si mesmo:

— Acalme-se, Richard. Acalme-se!

Entretanto a calma não vinha. Assim que seus olhos se chocavam com a realidade, o desespero desequilibrava novamente o seu corpo físico e espiritual.

— Vamos lá, Richard, controle-se. — incentivou-se.

Segurando-se ao gradil que cercava a cama onde Geórgia estava deitada, Richard conseguiu se posicionar ao lado dela. Embora, com toda a cautela, os movimentos fizeram com que o quarto rodopiasse novamente a sua volta e ele precisou aferrar-se com força ao gradil, para não cair.

— Vamos lá, Richard, controle-se, por favor. — insistiu ele, novamente, consigo mesmo.

Ele respirou fundo, por diversas vezes, para se acalmar. Algo que nunca fora tão difícil de conseguir. Lentamente, sua mão direita ergueu-se, trêmula, e pousou sobre o braço direito da esposa. Palavras, num sussurro quase imperceptível atravessaram, então, seus lábios trêmulos:

— Geórgia... Estou aqui, meu amor...

Subitamente, a pálpebra direita da esposa tremeu e abriu-se. Houve uma leve mudança em seu rosto quando reconheceu o marido, parado ali, olhando terno e desesperadamente para ela. Richard tornou a repetir, emocionado:

— Estou aqui, meu amor.

Sua fala era quase ininteligível.

— V-você vai sair dessa, Geórgia, acredite-me. E nós vamos voltar a ser o casal mais lindo e feliz do mundo.

Ela tentou falar*. Nada se ouviu senão um daqueles sons ásperos e roufenhos de quem está dopado. Richard inquietou-se. Um longo burburinho de sons tornou a atravessar os lábios de Geórgia, repetindo-se, continuamente. Então ele conseguiu perceber o que ela tentava, com grande esforço, dizer-lhe:

— Eu o amo...

O rosto dele iluminou-se num sorriso triste.

— Eu também a amo, *honey*... — respondeu ele, com aquela voz que vem direto das grotas do coração.

A enferma pareceu relaxar-se diante daquelas simples palavras, de significado tão profundo. Richard enxugou os olhos com a ponta dos dedos e disse:

— Tudo isso vai passar, Geórgia... Tudo, dentro em breve, vai voltar ao normal, pode crer. E daqui para frente nós vamos viver diferentemente. Vamos dançar mais, viajar mais, gastar mais tempo juntos. Você vai ver. Vamos fazer tudo aquilo que planejamos, mas que sempre deixamos para depois. Chega de "depois"! Daqui para frente, nós vamos nos dar um prazo de no mínimo uma semana, no máximo um mês, para realizar nossas vontades e desejos. Chega dessa história de viver só para trabalhar e juntar dinheiro para a nossa velhice. Para mim, chega! A partir de agora, vamos viver a vida como se não houvesse amanhã. Eu, você, nossa filha adorada, o noivo dela...

A aflição desapareceu dos olhos semi-abertos de Geórgia.

Aquilo despertou dentro de Richard uma onda de calor que corou sua pele e o fez sorrir, lindamente. Em meio ao sorriso bonito e a enxurrada de lágrimas que não parava de transbordar de seus olhos, Richard fez um novo desabafo:

---

*O tempo de recuperação de Geórgia não equivale aqui ao tempo real para que a história tivesse um melhor andamento e compreensão por parte do leitor. (N. A.)

— Eu a amo muito, Geórgia. Nunca, mas nunca mesmo, se esqueça disso! Minha vida sem você não é nada. Minha vida é você e Sam. Eu vivo por vocês duas.

Richard não completou a frase, o pranto não o deixou.

As pálpebras dela, então, abaixaram e se fecharam para sempre. Geórgia Galvani Johnson estava morta.

— Geórgia?! — chamou Richard, elevando a voz. — Geórgia, meu amor, por favor, não vá! Eu lhe imploro. Não me deixe sozinho, *honey*. Eu e Samantha precisamos de você. Fique, por favor, fique...

A última palavra saiu quase que num grito. Ele levou a mão da esposa até a boca e começou a beijá-la, desesperadamente, como se os beijos pudessem lhe devolver a vida. Sua voz subiu num uivo.

— Não! Não vá... Fique, meu amor. Fique!

Era tarde demais, o espírito de Geórgia Galvani já havia se desligado do corpo físico.

Diante do desespero do marido, Geórgia, em espírito, voltou-se para o guia espiritual que estava ali para ampará-la na travessia entre os dois mundos e disse:

— Eu preciso voltar, pelo amor de Deus, eu preciso voltar! Não posso deixar Richard assim, nesse estado... Ele não vai suportar a vida nessas condições...

O guia espiritual, muito pacientemente, respondeu:

— É um momento difícil, eu sei, Geórgia. Mas...

— Eu tenho de voltar, por favor. — tornou ela, em tom de súplica.

O guia novamente respondeu com muita calma:

— Seu físico não tem mais condições de acolher o seu espírito, Geórgia.

— Tem de haver um jeito.

— Infelizmente não há. Quando o físico padece, é o mesmo que uma casa que desmorona, não há mais como abrigar seus moradores.

— Eu amo meu marido.

— Eu sei. O amor de vocês é lindo, vem de muito tempo, de outras vidas.

— Um amor lindo como o meu e o dele não pode morrer assim...

— O amor de vocês jamais morrerá, Geórgia. O amor de vocês é eterno. Assim como vocês se reencontraram nessa vida, vocês se reencontrarão numa vida futura. Acredite-me. Todos os espíritos, unidos pelo amor, o amor mais puro que há, jamais se perdem um do outro ao longo da vida infinita.

"Está vendo aqueles dois espíritos de luz, ali, ao lado de Richard curvado sobre o seu corpo físico?"

— Sim.

— Eles são os guias de luz de Richard. Cuidarão dele, procurando lhe dar conforto e força suficiente para superar esse momento tão difícil.

Geórgia voltou a prestar atenção, muita atenção ao marido debruçado sobre o corpo que abrigara o seu espírito na sua mais recente passagem pela Terra. Richard, naquele momento, beijava seus lábios, desesperadamente. Era uma cena tocante, sem dúvida, mas sob a força da luz divina haveria força para ambos enfrentarem a triste separação imposta pela morte.

Como que ressurgindo de um transe, Geórgia perguntou para o espírito ao seu lado:

— Onde está a minha filha?

— Num quarto.

— Quero vê-la, pela última vez, antes de partir.

O espírito assentiu. Antes de seguirem para o local, Geórgia disse:

— Antes quero me despedir de Richard.

O espírito assentiu com os olhos.

Richard continuava curvado sobre o corpo físico que fora de Geórgia, beijando-lhe e acariciando-lhe. Geórgia, então, foi até o marido, pousou a mão sobre o ombro dele e, em movimento giratório, massageou o local, procurando lhe transmitir algum conforto.

O gesto carinhoso da esposa conseguiu atingir Richard, libertando-o pouco a pouco daquele estado desesperador.

— Isso, meu amor. — alegrou-se Geórgia ao perceber que o marido reagia positivamente. — Força, meu amor, muita força. Deus está conosco.

Nisso, o doutor Jacob Shadday reassumiu seu lugar junto à cama. Pôs a mão no braço de Richard e gentilmente o conduziu para fora do quarto.

— Vamos, Richard, por aqui. — disse o homem, sem esconder o profundo pesar pelo que havia acontecido ao colega de profissão. — Eu sinto muito, Richard, fizemos tudo o que estava ao nosso alcance. O estado de sua esposa era extremamente grave, haveria sequelas... Você não poderia suportar vê-la prolongar a sua existência no estado em que se encontrava. Seria dolorido demais para você e para ela...

— Eu queria ela viva, Jacob! Ainda que com sequelas, eu queria ela viva! Eu abandonaria tudo só para poder cuidar dela, entende?

O médico balançou a cabeça, em sinal de concordância.

— Eu sei, Richard, que você seria capaz de tudo por ela. Como só o amor nos faz capaz de lutar por quem se ama. Infelizmente, ela se foi, meu amigo. Está junto de Deus, agora. Lembre-se disso. É importante nessa hora.

Ao chegarem à sala de espera, Jim e Jennifer compreenderam de imediato o que havia acontecido. Jim acercou-se do amigo e o abraçou fortemente. Richard se agarrou a ele, chorando desesperadamente. A cena era tocante para todos que estavam ali.

— Força, meu amigo. Muita força. — encorajou Jim, derramando-se em lágrimas.

— Conte conosco para o que der e vier, Richard. — ofereceu-se Jennifer, também chorando.

— Muito obrigado. — agradeceu Richard e, voltando-se para o Dr. Jacob, perguntou:

— E quanto a minha filha? Preciso vê-la, doutor.

— É melhor você primeiro voltar para a casa, descansar um pouco.

— Não vou me perdoar se ela morrer nesse ínterim sem que eu a veja, por isso, por favor doutor, deixe-me vê-la.

— Está bem, Richard, mas só pelo janela da U.T.I. Dessa vez o médico permitiu que Jim e Jennifer acompanhasse os dois.

Enquanto isso na U.T.I., Geórgia, em espírito, despedia-se da filha.

43

— Adeus, minha querida. Você foi a filha mais maravilhosa que uma mãe poderia ter. Nem eu mesma fui tão companheira e gentil para com minha mãe como você foi comigo. Você é um anjo, Sam. Nunca se esqueça disso. A mamãe, agora, vai partir, para um outro plano, não se preocupe, estarei bem acompanhada. Um dia nós nos reencontraremos e vou poder lhe dizer tudo o que lhe digo agora, olhando fundo nos seus olhos. Como toda declaração de amor deve ser feita: olhos nos olhos. Fique em paz, minha querida. Cuide de seu pai por mim. Esteja eu onde estiver, estarei sempre pensando em vocês, acredite-me. Até um dia, Sam.

Geórgia curvou-se sobre a filha estirada na cama e a beijou na testa. Um beijo doce e fraterno. Voltou-se, então, para os guias de luz, também conhecidos como espíritos socorristas, e disse:

— Vamos, estou pronta.

Ela poderia ter se desesperado, ficado revoltada com tudo aquilo, mas não, foi a calma quem prevaleceu no âmago do espírito de Geórgia Galvani Johnson.

Assim que os espíritos partiram, Richard encostou o rosto na janela de vidro da U.T.I. de onde dava para avistar a filha acamada. Vê-la naquela condição foi um golpe tremendo para ele, tão forte quanto o que tivera há pouco ao ver Geórgia. Minutos depois, o Dr. Jacob aconselhava o colega de profissão.

— Agora vá, Richard. Para a casa, descansar um pouco, por favor. Você precisa recuperar suas energias. Eu cuido de tudo para você até que volte.

Richard agradeceu ao médico e partiu, acompanhado por Jim e Jennifer Hebel, além de vizinhos, amigos da família Johnson.

CAPÍTULO 5

Já passava das oito horas da manhã quando Richard entrou em sua casa. O lugar estava todo revirado, havia muitos pingos de sangue espalhados pelo chão da sala. O cenário era tão triste e desesperador quanto fora o ato em si. Richard sentou-se no sofá e mergulhou o rosto entre as mãos.

Minutos depois, Rosaria, a faxineira, entrava na sala à sua procura.

— Doutor Richard? — falou a mexicana com seu inglês* com sotaque espanhol. — O senhor está bem? Quando cheguei aqui e vi tudo isso de pernas pro ar, por pouco não desmaiei de susto. Foi a vizinha da frente que veio me contar o que aconteceu. Malditos assaltantes!

— Geórgia, Rosaria... — tentou explicar Richard, mas a mexicana, eufórica, interpelou suas palavras.

— Como está a patroa? Soube que levou um tiro e foi internada. Ela vai melhorar, meu senhor, com a graça de...

A voz de Richard se sobrepôs a dela:

— Geórgia está morta, Rosaria.

A mulher gelou. Levou a mão ao peito e chorou. Tudo o que disse a seguir foi em espanhol... Por um longo tempo esqueceu-se de que estava nos Estados Unidos.

---
*Há nos Estados Unidos uma grande quantidade de mexicanos morando ilegalmente, trabalhando em subempregos, falando ingês com sotaque espanhol. (N. A.)

Enquanto a mulher esvaía-se em pranto, Richard lembrou-se de ligar para Daniel. Ele precisava ficar a par dos últimos acontecimentos. Ligou direto para o seu celular.

— Doutor Richard, o senhor me ligando... — falou Daniel, alegremente. — Que surpresa!

O tom de Richard ao telefone assustou o rapaz.

— Daniel, estou precisando muito falar com você. Será que você pode vir me ver, aqui em casa, agora?

O tom do rapaz mudou:

— Aconteceu alguma coisa?

Para não assustar o moço, Richard disse apenas:

— Nada preocupante. É que...

Richard não conseguiu levar a mentira adiante, o pranto cobriu a sua voz. Daniel, do outro lado da linha, ficou alarmado.

— O senhor está me assustando, doutor Richard. Aconteceu alguma coisa com a Sam?

— Foi com Geórgia, Daniel... ela amanheceu gravemente doente. — mentiu Richard para abrandar a situação.

O rapaz, de tão assustado, não se ateve a pormenores.

— Calma, doutor Richard, estou indo agora mesmo para aí.

Nem bem desligou o telefone, Daniel encontrou a mãe. Isadora Hartamann, sorrindo, perguntou ao filho:

— Não vai tomar o seu café da manhã, *dear**?

— Não, mamãe. Estou indo para a casa da Sam...

— A essa hora?! Por quê?

— Algo de muito grave aconteceu.

— Coma pelo menos alguma coisa para forrar o estômago.

Mas Daniel não acatou o conselho, atravessou a porta, feito um raio, pegou o carro na garagem e partiu.

Encontrou a porta da frente da casa da família Johnson escancarada. Ao ver Richard encolhido num canto do sofá, diminuiu o passo. Por mais que tentasse, não conseguia encontrar uma explicação para tudo aquilo:

---

*Outra forma carinhosa de chamar quem se quer bem. Significa: querido(a).(N. A.)

— Doutor Richard... — disse trêmulo. — O que aconteceu aqui?

Quando os olhos de Richard se encontraram com os do rapaz, Daniel ficou ainda mais alarmado.

— Houve um assalto, Daniel. — respondeu Richard, enfim.

— Como? Quando?

— Ontem à noite. Os bandidos devem ter invadido a casa, enquanto estávamos no baile. Quando voltava para casa, recebi uma ligação do hospital, era uma emergência, precisavam de mim. Deixei Geórgia e Sam aqui e fui direto para lá. Quando elas entraram na casa, pegaram, no mínimo, os assaltantes de surpresa. Algo aconteceu, tiros foram disparados...

— Onde está dona Geórgia e Sam?

— No hospital. Ambas foram baleadas.

Daniel deixou seu corpo cair no sofá. A expressão de horror na sua face tornou-se assustadora.

— Geórgia... — prosseguiu Richard —, após a cirurgia para extrair a bala, morreu há pouco. Sam... bem, ela também foi submetida a uma cirurgia para a extração da bala e, agora, certamente, deve estar se recuperando na U.T.I.

Daniel engoliu em seco. Suas mãos cravaram em seus cabelos de forma desesperada.

— Isso não está acontecendo, doutor Richard. Não pode ser verdade.

— Infelizmente é a verdade, Daniel.

— Eu preciso ver a Sam. Em que hospital ela está?

— Calma, Daniel.

O rapaz jogou a cabeça para trás, um grunhido atravessou a sua garganta. O choro mobilizou seu corpo.

Ao ouvir seu choro agonizante e seus gemidos de dor e desespero, Rosaria levou até ele um copo com o chá de camomila que havia preparado fazia pouco tempo para ela e Richard.

— Senhor Daniel, é melhor o senhor tomar. — disse a mulher, lacrimosa.

Mas Daniel não conseguiu segurar a caneca, o desespero o tornava incapaz de qualquer coisa por mais simples que fosse. Diante do seu estado, caótico, Richard voltou-se para Rosaria e pediu, gentilmente:

— Rosaria, por favor, pegue a caixa de remédios que guardo na estante do banheiro. É melhor que Daniel tome um calmante.

Assim foi feito. Nesse ínterim, Daniel ligou para mãe e a pôs a par do que aconteceu. Combinaram de se encontrar no hospital em que Samantha estava internada em uma hora. O irmão e a irmã foram juntos com a mãe para lhe dar apoio naquele momento tão difícil. O pai, que já havia ido para o trabalho, pediu licença do emprego e também seguiu para lá.

Logo, Daniel Hartamann estava com o nariz prensado contra a janela de vidro que protegia a ala dos quartos da U.T.I., olhando, estarrecido, para Samantha estirada sobre o leito, em coma profundo.

— Ela parece morta... — murmurou, com pesar.

— Não, filho — disse sua mãe, com ternura —, ela só está sedada.

— Ontem ela estava tão feliz, mamãe... Hoje está aí, inconsciente... Que vida mais sem sentido...

— Daniel, meu filho, não perca a fé. Ela vai se recuperar.

— Ensina-me a rezar outra vez, mamãe, pois eu já esqueci.

— Ensino, meu querido. Ensino, sim.

No dia seguinte, à tarde, realizou-se o funeral de Geórgia Galvani Johnson. Quase todos os membros da família de Richard e de Geórgia foram ao funeral. Até mesmo os que moravam longe, em estados distantes, estavam presentes. Haviam ido de avião. Era o mínimo que podiam fazer por Richard numa hora tão difícil como aquela.

Toda família de Daniel também estava presente à cerimônia. Havia também colegas de trabalho e funcionários do hospital em que Richard trabalhava e vizinhos à casa onde ele residia com a família.

Não havia ninguém, ali, sem lágrimas nos olhos. Até mesmo os mais durões estavam comovidos.

O pastor*, muito emocionado, disse algumas palavras bonitas, de apoio e fé:

---

*A família era de religião protestante como muitas nos Estados Unidos. (N. A.)

— Geórgia Johnson foi uma mulher excepcional. Fez de sua passagem pela Terra uma grande conquista. Foi uma esposa exemplar, uma mãe exemplar, uma mulher exemplar na sociedade. Um exemplo de ser humano.

"O coração daqueles que amavam Geórgia, sua família, seus amigos e conhecidos, todos, enfim, que a queriam bem, está tomado de tristeza; não é para menos, onde o amor está presente, a dor também se faz presente. É preciso lembrar que nossa amada Geórgia, agora, está ao lado de Deus Pai, todo poderoso, criador do céu e da Terra, vivendo para a eternidade, o destino de todos nós. Isso conforta o nosso coração... Não cala a saudade, certamente que não, mas conforta o coração.

"Oremos, agora, por sua alma. Pai nosso que estás no céu, santificado seja..."

Pela cabeça de Richard só passava um pensamento naquele momento. Se ele pudesse voltar atrás, mudar o curso de sua história. Mas quem era ele diante do destino, o misterioso e poderoso destino? Ninguém. Ele quisera unir os dois. Esforçara-se radicalmente para isso. Quis porque quis vê-los casados. Todavia, agora, os separava... Deixava-o na Terra e Geórgia no céu. Por qual razão? Bem, só mesmo o destino poderia saber.

Depois do funeral, como é habito nos Estados Unidos, os presentes à cerimônia seguiram para a casa da família da falecida, onde foi servido almoço para todos. A maioria dos presentes vestia-se de preto, em sinal de luto, hábito que se perdeu ao longo do tempo no Brasil.

Cada membro da família que se despedia de Richard, dizia algo muito importante, procurando expressar seus sentimentos diante de tamanha tragédia.

— O que você precisar de nós, Richard, não hesite em nos chamar, viremos no mesmo instante. Se quiser ir passar um tempo conosco, para sair um pouco, respirar novos ares, a porta de nossa casa está, como sempre esteve, aberta para você. — disseram os familiares que moravam em estados distantes.

— Obrigado. — agradecia Richard, com lágrimas nos olhos.

Os parentes que moravam mais próximos de San Francisco também mostraram-se solidários. Judith, esposa do irmão de Richard disse para o cunhado antes de partir:

— Conte conosco para o que der e vier, Richard. Numa hora dessas, todo o apoio que tiver, é bem-vindo. A união faz a força. A força necessária para superar um momento tão difícil como esse.

O irmão também se pôs à disposição de Richard para o que precisasse da sua pessoa.

A próxima a falar com ele foi uma das irmãs de Geórgia. Foi preciso grande esforço por parte dela para transformar em palavras seus sentimentos.

— Richard, eu sei que você já sabe, está cansado de saber, mas faço questão de repetir, em nome da minha irmã que se foi. Geórgia amava você, Richard. Ela era simplesmente apaixonada por você. Posso dizer que conheci muito bem minha irmã e, por isso, posso falar por ela o que ela lhe diria, se estivesse aqui, num momento como este.

"Continue em frente, Richard, não desanime, não esmoreça. Samantha precisa de você, agora, mais do que tudo. Pense nela, lute por ela, com esperança e fé.

"Haverá momentos de desespero, com certeza. Haverá também momentos em que a saudade vai doer fundo no seu peito, nessa hora lembre-se do amor lindo que você e Geórgia viveram e se apoie nele e em Deus para superar o desespero e a saudade."

A cunhada beijou a testa de Richard e partiu.

A família de Daniel se despediu de Richard a seguir. Apenas Daniel Hartamann e Richard Johnson permaneceram na casa, na sala de estar, em profundo silêncio após o almoço. O único som a perturbar o silêncio sepulcral no recinto vinha da cozinha, era Rosaria que naquele momento lavava os pratos, talheres, copos e ia pondo tudo no lugar.

Minutos depois, Richard, falou:

— Estava pensando em Samantha, Daniel.

— Eu também, doutor Richard.

A voz de Daniel estava completamente entravada pela dor.

— É horrível para um pai dizer isso, mas... tenho de encarar os fatos, o estado dela é bem grave.

Daniel compreendeu imediatamente aonde ele queria chegar e, por isso, apressou-se em dizer:

— Ela vai se recuperar, doutor Richard. Tenho fé na sua recuperação. Tenha fé também o senhor.

— Eu tenho. É na esperança de que ela se recupere que eu também estou me agarrando, Daniel. Só fico pensando em como ela reagirá ao saber da morte da mãe. Vai ser um baque para ela, ela adorava Geórgia, ambas se adoravam.

— Receio que o baque seja inevitável.

— Foi melhor ela não ter presenciado o funeral da mãe. Não existe coisa pior na vida do que isso.

Daniel assentiu com o olhar, levantou-se, sentou-se mais próximo a Richard e, olhando fundo em seus olhos, disse:

— O senhor tem de ser forte, doutor Richard, por favor! Peço-lhe isso em nome da Sam.

— Eu serei forte, Daniel. Tenho de ser, Sam precisa de mim.

— Ela precisa de nós, doutor Richard. E eu estarei ao lado dela, constantemente, até que ela se recupere e volte a ser aquela jovem linda e cheia de vida que sempre foi.

— Obrigado, Daniel, por seu apoio.

— O senhor pode contar comigo, doutor, para o que der e vier.

Daniel deixou a casa da família Johnson aquele dia, mal sabendo como se mantinha em pé, as lágrimas haviam secado, mas por dentro elas ainda rolavam, silenciosas e tristes.

Assim que se fechou no carro, o moço ligou o rádio para distrair sua mente. Coincidentemente estava tocando uma das canções que ele e Samantha mais gostavam. O impacto foi muito forte no rapaz, o choro, inevitável.

Durante todo o trajeto de volta para a casa onde ele morava com os pais, Daniel Hartamann seguiu chorando. Em meio ao choro, na tela de sua mente, estava o rosto de Samantha, olhando para ele com seus ternos olhos azul-esverdeados.

— Você vai sair dessa, Sam. — disse ele repetidas vezes. — Você vai sair dessa, meu amor. Eu juro!

CAPÍTULO 6

Nos dias que se seguiram, com o afastamento do trabalho, Richard Johnson visitava a filha no hospital diariamente. Em respeito a sua condição de médico, a direção do hospital permitia que ele ficasse no quarto da U.T.I. pelo tempo que quisesse. Richard chegava a passar seis, sete horas sentado numa cadeira desconfortável que havia ali, olhando fixamente para a filha, silenciosa, agora, em profundo coma. Todo dia, ao chegar, suas palavras para ela eram as mesmas:

— Olá, Sam, como vai? Espero de coração que possa me ouvir, *honey*. Eu preciso de você, filha. Por favor, não parta, não saberei o que fazer de mim se você partir. Fique, meu amor. Por favor, fique. Você é o fruto do amor entre mim e sua mãe. Nunca se esqueça do quanto a amamos.

Richard então rememorava fatos do passado. Particularidades dela de quando menina. Suas peripécias, seus dengos. E assim as horas iam passando.

Ao cair da tarde, Daniel Hartamann seguia direto do trabalho para o hospital para ver Samantha e transmitir-lhe algum conforto. A pedido de Richard, sua presença no quarto da U.T.I. foi permitida. Assim, ficava Richard de um lado da cama e Daniel do outro lado. Cada qual com uma mão pousada sobre uma das mãos de Samantha.

Os dois então se despediam da jovem e seguiam juntos para o estacionamento do hospital onde haviam estacionado seus carros. Ali se despediam e, cada qual, em meio a dor e esperança, partia para sua casa.

Encontrar a casa vazia e naquele silêncio profundo era sempre muito doloroso para Richard. Saber que nunca mais Geórgia estaria ali esperando por ele, com aquele sorriso bonito nos lábios, era torturante demais.

Ele se sentava então na poltrona da sala que ficava rente a uma mesinha de canto, acendia o abajur que havia ali e ficava em silêncio sob o facho de luz. Seus olhos se prendiam então, na foto dele com Geórgia, tirada durante a lua-de-mel em Las Vegas, a qual ficava em um dos muitos porta-retratos sobre as prateleiras da estante embutida ali.

Depois passeava os olhos pelas fotos dos outros porta-retratos, saltando de um para o outro, lentamente. Quando se cansava, abria um dos muitos álbuns de fotos que possuía e ficava folheando-o até se cansar. Só então, comia alguma coisa, uma bolacha, um copo de leite ou um suco, nada mais, porque nunca estava com fome e, ia então se deitar.

E assim as semanas foram passando... E todo dia, pela manhã, Richard visitava o túmulo da esposa, depositava em frente à lapide uma flor e depois seguia para o hospital onde a filha estava internada para ficar com ela até o cair da noite. Richard permanecia sete, oito horas consecutivas na companhia da filha, só voltava para casa, depois que Daniel Hartamann aparecia no final da tarde para visitar a jovem amada.

Dentre todos esses dias o momento mais triste se deu quando Richard encontrou os presentes que daria para a esposa e para a filha quando voltassem para casa do baile. Mandara embrulhar as caixas com tanto cuidado, com um papel de presente tão lindo, com um laço caprichado que dava pena de desfazer os embrulhos. Era muito doloroso saber que a grande surpresa que ele preparou com tanto carinho para a esposa e a filha não se realizou, que surpresa maior foi ele quem teve com toda aquela tragédia.

Depois de muito pensar, Richard decidiu levar o presente de Samantha para o hospital. Quando lá, diante da filha, intubada, disse:

— Lembra da surpresa que eu reservei para você e sua mãe para quando voltássemos do baile, querida? Pois bem, aqui está.

Estendendo o presente para o alto, ele continuou:

— Um presente merecido pelo seu esforço nos estudos, Sam. Por ter sido sempre uma filha tão dedicada e amorosa para comigo e para com sua mãe.

Com cuidado, Richard abriu o pacote e mostrou para ela, como se ela pudesse ver, o seu conteúdo. Era o que Samantha queria há muito tempo. Um colar de pérolas para adornar seu lindo pescoço.

Ele fixou os olhos, lacrimejantes nos olhos dela, fechados, e disse num tom embargado:

— Você não pode ver o colar agora, mas verá, filha, você verá, porque você vai sair dessa. Vai sobreviver a esse infortúnio, vai casar com Daniel, o homem da sua vida, como você sempre se referiu a ele, vai ter filhos e vai ser muito feliz. Você vai sobreviver, Samantha. Por tudo que há de mais sagrado, você há de sobreviver, filha.

Richard baixou os olhos, para o aparelho que media as batidas do coração e chorou, novamente, copiosamente.

Minutos depois, a porta do quarto se abriu e Daniel entrou, fazendo o possível para não fazer barulho.

— Doutor Richard. — disse, baixinho.

Richard voltou-se para ele e o abraçou. Os dois homens choraram, mais uma vez, um no ombro do outro por um longo tempo. Quando conseguiu se conter, Richard, aflito, desabafou:

— Já se passaram dois meses, Daniel, que ela está em coma, mas ela vai sair dessa, meu caro. Sei que vai.

— Estamos todos torcendo por isso, doutor. Não perca a esperança.

Um riso triste iluminou a face de Richard.

— Acabei de dizer a ela, Daniel, que ela vai sobreviver, vai casar-se com você, o homem da sua vida, como ela sempre se referiu a você, vai ter filhos e vai ser muito feliz ao seu lado.

— Eu quero imensamente que isso aconteça, doutor Richard.

— Vai acontecer, Daniel, por tudo que há de mais sagrado.

— Eu amo Samantha, doutor. Não consigo ver minha vida sem ela ao meu lado.

— Ninguém, Daniel, que ama alguém de verdade, consegue se ver na vida longe do seu grande amor.

— Não desista dela, doutor Richard, por favor.

As palavras do rapaz pareciam trazer algum significado mais profundo. Algo que chamou a atenção de Richard.

— Como assim?

— Mesmo que os médicos lhe digam que ela nunca mais vai sair desse coma, mesmo que o senhor próprio conclua por A mais B que eles falam a verdade, ainda assim não desligue os aparelhos que a mantêm viva. Eu lhe imploro.

— Eu jamais faria isso, Daniel. Jamais! Vou aguardar todo o tempo do mundo até que Samantha desperte do coma, nem que leve anos, eu aguardarei.

✿

Richard, no dia seguinte, levou o presente que daria à esposa naquela noite ao cemitério. Diante da lápide, entre lágrimas, ele abriu o presente e falou:

— Aqui está, minha querida. Uma gargantilha de prata com pequenas pedrinhas de brilhante. Assim que vi na joalheria, lembrei-me de você, meu amor. Achei que ficaria lindo em torno do seu pescoço tão lindo... Achei que iria gostar muito...

Richard não conseguiu terminar a frase, o pranto o calou. Minutos depois, soluçando dizia:

— Não foi isso que eu planejei para nós, Geórgia. Era para você estar ao meu lado, viva, quando este presente fosse desembrulhado. Eu não me conformo. Não me conformo com tudo isso... Não é justo.

Richard se silenciou por quase cinco minutos. Depois, guardou a joia na caixa e disse:

— Vou dar esse colar a nossa filha, assim que ela despertar do coma, *honey*. E Samantha vai despertar, meu amor. Tenho fé que vai.

A licença de Richard para se afastar do trabalho expirou no fim de semana seguinte.

Ele não tinha ânimo algum para voltar a trabalhar, mas pensou que pelo menos o trabalho distrairia a sua mente, o que seria importante para relaxar-se diante da tristeza que o consumia há dois meses.

Richard Johnson foi recebido com grande alegria por seus colegas de trabalho, todos se mostravam solidários, contentes com sua volta.

Michael Gennari, um dos diretores do hospital, ao lhe dar as boas-vindas, questionou:

— Você se sente pronto para voltar, Richard?

— Não sei, sinceramente, lhe dar essa resposta, Michael.

— Talvez fosse melhor você ficar mais algumas semanas afastado, o que acha? — sugeriu o diretor.

— Acho que é melhor eu voltar a trabalhar, para ocupar a minha mente, esquecer, se é que é possível, a tragédia...

— Como está sua filha?

— Na mesma. Os médicos estão fazendo o que podem... ela há de sair dessa.

— Faço votos que sim.

— Obrigado.

— Bem, eu já vou indo.

Nisso o doutor Peterson Medina entrou na sala. Ao ver Richard e Michael, desculpou-se:

— Desculpe, não queria atrapalhar. Eu volto depois...

— Fique Peterson. — falou Michael indo na sua direção. — Eu já estava de saída. Estava apenas dando as boas vindas ao nosso companheiro Richard.

Peterson, em meio a um risinho sem graça, falou:

— Estou aqui justamente por isso, Michael.

Sem mais, o doutor Michael deixou o aposento, fechando a porta da sala assim que passou por ela.

Peterson Medina levou algum tempo para dizer:

— Eu ainda não tive a oportunidade de lhe dar os meus pêsames pela morte de sua esposa, Richard. Eu...

Um estranho sorriso apareceu na face de Richard, um sorriso que fez Peterson Medina engolir suas palavras.

— O que foi? — disse ele, estranhando e se assustando com a reação do colega a sua frente. — Disse alguma coisa engraçada?

Peterson estava prestes a dizer mais alguma coisa, quando Richard Johnson o calou com um soco, bem no meio da face. Tudo aconteceu tão inesperadamente que o colega levou alguns segundos para perceber que havia sido atingido e saía sangue de seu nariz e de sua boca.

— O que é isso? — exaltou-se, procurando conter o sangue que manchava sua face. — Você perdeu o juízo, Richard?

Richard, trêmulo de ódio, falou:

— Foi por sua culpa, seu desgraçado! Por sua culpa que a minha esposa amada e adorada está morta!

As palavras foram cuspidas e escarradas envoltas de ódio.

— Você está louco, Richard! — bradou Peterson Medina. — Você não está falando coisa com coisa.

Richard interpelou suas palavras mais uma vez:

— Naquela noite, eu deixei minha esposa em casa, sozinha, com a minha filha para vir aqui fazer uma cirurgia de emergência. Sua equipe me chamou porque você deu início à cirurgia, mas não teve condições de levá-la adiante. Quer que eu diga, para toda essa gente do hospital ouvir, agora, o porquê você não teve condições de operar?

— Você não está falando coisa com coisa, Richard. Pelo amor de Deus, controle-se!

— Você é que deveria ter morrido naquele dia, não minha esposa, amada.

— Você está realmente descontrolado.

Rápido como um foguete, Richard agarrou o colarinho de Peterson Medina e falou, espumando de ódio:

— Eu vou acabar com você, Peterson. Para você aprender a ser gente. Todos vão saber, principalmente a direção do hospital e o *conselho regional de medicina* *, a respeito do seu vício, do risco que os pacientes estão correndo nas suas mãos.

— Você está perturbado, Richard.

Torcendo ainda mais o colarinho do colega, Richard prometeu:

— Não vou sossegar, Peterson, enquanto não vê-lo na sarjeta, apodrecendo.

— Pelo amor de Deus, Richard, eu tenho mulher e filhos para sustentar.

— Não à custa dos outros!

Nisso a porta da sala se abriu e duas enfermeiras entraram, agitadas. Haviam corrido para lá ao ouvirem as vozes elevadas e alteradas dos dois médicos. Ao vê-las, Richard soltou o colarinho de Peterson. O homem estava vermelho, as veias da testa, protuberantes, revelavam grande tensão e desespero.

Uma das enfermeiras foi até Richard e lhe pediu, gentilmente:

— Acalme-se, doutor. Por favor, acalme-se.

— Não posso me acalmar, Mônica. Não enquanto eu não destruir a vida desse homem, da mesma forma que ele destruiu a minha, da minha esposa e da minha filha.

As duas enfermeiras se entreolharam, alarmadas, aquelas palavras fugiam a sua compreensão.

Diante do sangue escoando do nariz e da boca de Peterson Medina, uma das enfermeiras sugeriu:

— Doutor, é melhor a gente cuidar desse ferimento.

O médico não respondeu, apenas afrouxou o colarinho, baixou os olhos e deixou a sala. Assim que se viu no corredor, encostou-se na parede e procurou se acalmar. Seu peito palpitava, tinha a impressão de que iria ter um enfarto a qualquer hora. As palavras de Richard voltaram a ecoar em sua mente:

"Por sua culpa, desgraçado! Por sua culpa a minha esposa amada e adorada está morta. Você é que deveria ter morrido naquele dia, não minha

---

*O termo foi traduzido para o português para melhor entendimento do leitor. (N. A.)

esposa... Eu vou acabar com você, Peterson. Para você aprender a ser gente. Todos vão saber, principalmente a direção do hospital e o conselho regional de medicina a respeito do seu vício, do risco que os pacientes estão correndo nas suas mãos. Não vou sossegar, Peterson, enquanto não vê-lo na sarjeta, apodrecendo.'

— Ele não pode fazer isso comigo — apavorou-se, Peterson Medina —, não tenho culpa pelo que aconteceu a esposa dele. Não tenho!

Nesse ínterim, Richard procurava se controlar, havia uma cirurgia para ser feita em poucos minutos. Nervoso como estava, seria incapaz de levá-la adiante. Infelizmente, Richard não conseguiu se acalmar como desejava. Assim que deu início à cirurgia, suas mãos começaram a tremer tão fortemente que ele mal conseguia segurar o bisturi na mão.

— O senhor está bem, doutor Richard? — indagou Patrick Kerpen, que assim como os demais membros da equipe de Richard, estava preocupado com o estado do médico.

— Não, Patrick Kerpen, é lógico que não estou bem. — vociferou Richard, perdendo a compostura. — Minha esposa está morta, minha filha em coma. Como espera que eu esteja bem?!

— Se quiser que eu faça a incisão, doutor. — prontificou-se Patrick.

— Não, obrigado. Eu comecei, agora vou até o fim.

A tensão se espalhou pelo ar.

Subitamente Richard começou a chorar, parecia ter perdido o controle sobre si próprio. Patrick tratou logo de afastá-lo da mesa de cirurgia e sentá-lo numa cadeira que havia nas imediações.

— Doutor, dê-me o bisturi. — pediu o jovem médico, gentilmente.

Richard mantinha os olhos presos na ferramenta cirúrgica.

— Eu tenho vontade — desabafou, entre dentes —, de perfurar o desgraçado que matou a minha esposa e deixou a minha filha em coma.

Patrick abrandando ainda mais o tom, falou:

— Compreendemos a sua revolta, doutor. Tudo o que aconteceu é de fato revoltante, não resta dúvida, mas, por favor, me dê agora o bisturi.

Com tato, o jovem médico conseguiu tirar da mão de Richard o instrumento cirúrgico.

Todos ali se entreolhavam, sem saber ao certo o que fazer. Havia um paciente sedado para ser operado. Sua cirurgia carecia de urgência.

Patrick voltou-se para os demais e, disse, com confiança forçada:

— Eu assumirei a cirurgia daqui para frente.

Diante de suas palavras, Richard Johnson encorajou o rapaz:

— Isso mesmo, Patrick, siga em frente. Você é bem capaz, mais capaz de realizar essa cirurgia do que pensa.

A seguir, Richard fez uma careta de dor e caiu no que parecia ser um estado de inconsciência profunda.

Patrick Kerpen suava frio durante a operação, era a primeira vez em que ele assumia uma cirurgia por completo. Por sorte a operação foi um sucesso. Tudo correu como esperado.

Ao término, o jovem médico pediu um *break* para levar Richard para a casa. Sabia que o doutor não tinha condições, ao menos por hora, de pegar na direção. Depois de deixá-lo em casa, ele pegaria um táxi de volta para o hospital.

Naquele dia, a depressão prendeu Richard em sua casa. Nem forças para ir ver a filha no hospital ele teve. Rosaria insistiu para ele comer alguma coisa, mas ele mal tocou na comida servida no prato.

Em meio à depressão, dois pensamentos se propagavam insistentemente na mente de Richard: destruir o Dr. Peterson Medina e o assaltante que atirou em Geórgia e Samantha. Ele não sossegaria enquanto não houvesse vingança.

CAPÍTULO 7

No dia seguinte, Jennifer Hebel apareceu na casa de Richard, logo pela manhã, para saber como ele estava passando. Pela expressão no rosto de Rosaria, ela soube de imediato que o vizinho não estava nada bem.

— Olá, Richard, vim ver como está passando. — disse ela, assim que o encontrou na sala de estar.

— Comi sim, pela manhã, um prato de *corn flakes* com leite e muito açúcar.

Richard estava tão aéreo que nem percebeu que a sua resposta nada tinha a ver com a pergunta que Jennifer lhe fizera.

Ela ficou assustada com a palidez e as olheiras profundas no rosto do amigo. Elas pareciam ter aumentado, consideravelmente. Os nervos dele estavam num estado tão lastimável que a deprimiram. Suas mãos se crispavam, sua voz estava rouca e triste. Seus olhos ainda tinham o olhar mudo e vidrado de um animal que sofre.

— Como anda a Sam? — perguntou, a seguir.

— Continua em coma profundo.

A fim de alegrá-lo, Jennifer lhe perguntou:

— Soube que voltou para o trabalho. Como foi?

— Péssimo. Pedi uma prorrogação da licença. Ainda não estou pronto para voltar. A direção do hospital decidiu me dar mais seis meses de afastamento.

Jennifer mordeu os lábios, penalizada.

O rosto de Richard pareceu escurecer quando disse, com um toque de raiva reprimida:

— Não consigo parar de pensar no que aconteceu, Jennifer.

— Eu faço ideia.

O rosto dele pareceu escurecer um pouco mais. Tinha cor, agora, de sangue pisado.

— Não é justo o que aconteceu a mim e a minha família, Jennifer. Não é...

Ela quis muito dizer alguma coisa para confortar o amigo, mas o que mais poderia ser dito diante daquela situação?

Então, subitamente, a voz de Richard se elevou grave e enfurecida:

— Eu vou me vingar, Jennifer! Ouça bem o que eu lhe digo. Não vou desistir, enquanto não encontrar o desgraçado que tirou a vida da minha mulher e pôs minha filha naquele coma.

Sua transformação assustou Jennifer.

— É revoltante, sem dúvida. — disse ela, tentando abrandar a fúria do homem a sua frente. — A polícia ainda não tem pistas de quem fez aquela barbaridade?

— Até agora não. Talvez tenham e não queiram me dizer porque sabem bem o que eu pretendo fazer se souber quem é o desgraçado que matou a minha esposa.

— Acha mesmo que vale a pena, Richard? Digo, viver por vingança?

— Se vale a pena ou não, sei lá. Só sei que não vou sossegar, enquanto não matar quem matou Geórgia.

— Você pode estragar a sua vida por causa disso, Richard.

— Estragar mais o que, se tudo já foi estragado?!

— Você está nervoso, Richard. Nervoso e revoltado, não é para menos. Não tome nenhuma atitude nessa condição. Espere até que se sinta recuperado...

— Eu nunca vou me recuperar, Jennifer! Não até que eu faça justiça ao que aconteceu a mim, a Geórgia e a Samantha.

Restou a ela, apenas, dizer o que sempre dizia quando visitava o vizinho, amigo:

— Se você precisar de alguma coisa, não hesite em nos chamar. Por favor. Se nem eu nem o Jim estivermos em casa, chame um de nossos filhos.

Richard assentiu com os olhos.

Nem bem Jennifer deixou a casa, Richard passou a mão no telefone e ligou para o hospital para marcar uma hora com os diretores. Por ter dito que era algo urgente e de extrema importância para o hospital, conseguiu ser recebido no dia seguinte às oito da manhã, em ponto.

Nem bem foi recebido pelos responsáveis, Richard expôs o que estava acontecendo com o doutor Peterson Medina. Que o haviam chamado, dois meses atrás, no meio da noite, para substituí-lo numa cirurgia de emergência porque ele, de tão eufórico e *elétrico* por causa da ingestão de cocaína não pôde levar adiante a cirurgia. Para acalmar o médico, sua equipe foi obrigada a dar-lhe uma injeção para dormir. A paciente, Richard se lembrava bem, era uma senhora de 75 anos, um caso de alto risco, uma operação extremamente delicada. Um passo em falso, a senhora morreria.

— O Senhor tem provas disso tudo, doutor Richard? — perguntou um dos diretores do hospital.

— Tenho toda a equipe do doutor Peterson Medina como testemunha. Certamente que eles vão acobertá-lo se forem interrogados, mas, não custa tentar... Talvez um deles tenha a coragem, o bom senso de lhes dizer a verdade, expor, enfim, o risco que é Peterson Medina para o hospital.

— Vamos interrogar um a um. — afirmou Michael Gennari.

— Quero deixar bem claro que essa não foi a primeira vez que Peterson Medina foi afastado de uma cirurgia, por sua equipe, por estar drogado. Houve outras ocasiões, todos sabem, até mesmo eu, mas nos calamos por consideração a sua pessoa, por ser um médico, que até então vinha sendo brilhante na sua profissão.

"Demos a ele, na verdade, uma chance para se redimir. Curar-se do vício. Infelizmente, ele jogou essa chance fora. Essa e outras mais. Não dá mais para continuamos encobrindo o risco que ele representa para os pacientes e para o hospital. Para a vida humana em si."

Os diretores se entreolharam. Michael Gennari, comentou:

— Estou deveras surpreso com tudo isso. Jamais pensei que o doutor Peterson fosse um viciado em cocaína.

— Se o senhor não conseguir provas contra ele, avise-me, porei um detetive ao seu encalço e em menos de uma semana a direção do hospital terá em suas mãos as provas de que precisa para impedi-lo de continuar pondo em risco os pacientes da mesma forma que ele está pondo em risco a sua própria vida.

Richard deixou a sala da direção do hospital pensando na ideia de pôr um detetive à cola de Peterson Medina, só assim teria provas suficientes para denunciá-lo ao *conselho de medicina*. Algo que considerava importantíssimo, caso contrário Peterson continuaria exercendo a profissão noutro lugar continuando a pôr os pacientes em risco.

Naquele mesmo dia, à tarde, Richard contratou um detetive. Como havia suposto, em menos de uma semana reuniu provas suficientes para mostrar ao *conselho regional de medicina* quem era realmente o doutor Peterson Medina.

— Eu vou acabar com você, Peterson. — prometeu Richard, novamente a si mesmo. — E bem mais rápido do que eu supunha.

No dia seguinte, ao voltar de sua visita habitual à filha no hospital, Richard foi surpreendido por uma mulher, alta, que estava a mais de meia hora aguardando por sua chegada dentro de um carro.

— Richard. — disse ela. — Preciso falar com você.

Richard a reconheceu no mesmo instante. Tratava-se de Martha Medina, esposa de Peterson Medina. Já haviam se encontrado em festas promovidas pelo hospital.

— Olá, Martha. — respondeu Richard, secamente. — O que quer?

— Não há um outro lugar em que possamos conversar mais sossegadamente?

O tom dele foi ainda mais seco:

— Não.

— Estou sabendo da sua revolta com Peterson. Compreendo seus motivos, mas, por favor Richard, venho aqui...

Ele a cortou rispidamente:

— É tarde demais, Martha. A direção do hospital já está a par de tudo o que se passa com ele, já tem testemunhas, provas... Eu também já mandei provas sobre o seu mau comportamento como médico para o Conselho Regional...

Dessa vez foi ela quem o interrompeu:

— Assim ele perderá o diploma, Richard.

Richard deu de ombros. Martha Medina, insistiu, em tom de súplica:

— Peterson tem três filhos para criar, Richard.

O médico ignorou mais uma vez o seu apelo. Martha continuou:

— Peterson foi sempre um médico brilhante...

— Você disse bem, Martha: foi! Eu, nem ninguém mais vai permitir que pacientes continuem indo parar nas mãos de um viciado em cocaína, que sob o efeito da droga está cada vez mais descontrolado. Não mesmo.

— Você não tem pena de nós?

— E você tem pena dos pacientes? Não! E sabe por que não tem pena? Porque só está pensando no próprio umbigo. Nada mais! Está preocupada com o quanto sua vida vai ser afetada se Peterson perder o alto salário que recebe. É isso que a martiriza. Não sejamos hipócritas, Martha.

Martha, rompendo-se em lágrimas, falou:

— Você se tornou um monstro, Richard. Um monstro!

— Eu?! Não me faça rir. Agora chega de blá blá blá. Quero me recolher na minha casa, reencontrar o vazio que restou nela por culpa do seu marido.

A mulher derramou-se num pranto exagerado, mas Richard não se deixou abalar, simplesmente, dirigiu-se para a sua casa e se fechou dentro dela.

65

Martha Medina procurou controlar-se assim que Richard Johnson se foi. Voltou, então, para o carro e partiu rangendo os pneus. Estava possessa, espumando de raiva. Só não sabia definir por quem a raiva e o ódio gritavam tão forte dentro dela. Se era em relação a Richard, por ele ter entregado o marido, se era por Peterson por ele ter se viciado em cocaína, ou se era com a vida, com Deus por estar permitindo tudo aquilo.

Assim que Richard se fechou dentro da sua casa, ele parou em frente a uma foto de Geórgia e disse, resoluto:

— Eu fiz o que era certo, *honey*. Espero que me entenda. Sei que sempre foi pacífica. Que sempre odiou qualquer tipo de vingança, mas um médico nas condições de Peterson não pode continuar exercendo a medicina. Seria um risco para os pacientes, um risco tremendo para todos.

Richard silenciou-se. Ficou ali, inteiramente imóvel, olhando para a sala iluminada apenas pelo facho de luz que entrava pelas janelas; lembrando-se da época em que chegava, louco para ver a esposa e a filha, conversar um pouco, receber o carinho de ambas, retribuir... Nada ali, no entanto, era mais alegre como antes, tudo agora refletia tristeza, solidão e melancolia. Não só a sala, mas todos os cômodos da casa refletiam a mesma dor.

De repente, Richard começou a ouvir o crepitar de chamas. Era um eco do passado, da época em que eles acendiam a lareira no inverno e ficavam diante dela, tomando chocolate quente ou capuchino ou uma bebida forte. Comendo pipoca e assistindo a um filme, uma comédia-romântica, apenas à luz da lareira. Não havia nada de mais romântico do que aquilo na sua opinião, ah, como ele gostava daqueles momentos a sós com a esposa e a filha. Momentos que nunca mais poderiam voltar.

Richard ignorou quanto tempo ficou ali com os olhos passeando pela sala e a mente passeando pelo passado. O som da lareira continuava ininterrupto ao seus ouvidos. Por fim, ousou um movimento físico, com infinita lentidão, com trepidação mínima. Tudo então escureceu, e durante uns onze segundos, a sala rodopiou sombria, em torno dele. Teve a impressão de que as paredes, o teto, tudo enfim seria, repentinamente, arrancado do solo e despedaçado por um furacão. Ainda assim, ele ficaria ali, vendo tudo ser levado pelo vento veloz.

Tateando as paredes e os móveis, chegou ao sofá de três lugares, onde se sentou e, minutos depois, adormeceu. Acordou somente na manhã do dia seguinte com a chegada de Rosaria.

※

Numa manhã ensolarada, Richard estava mais uma vez diante do túmulo da esposa, local que visitava semanalmente desde que fora sepultada. Era-lhe inacreditável que já haviam se passado meses desde a sua morte.

— Olá, Geórgia. — disse como se ela estivesse ali, à sua frente.

Ainda era difícil exprimir-se. As lágrimas logo irrompiam de seus olhos, a voz lhe faltava. Como sempre, procurava se controlar.

— Peterson Medina, lembra-se dele, não? Perdeu tudo, Geórgia. O emprego no hospital, o diploma de médico, tudo... até mesmo aquela sua panca de rei. Foi obrigado a mudar-se para um casa menor, num bairro de classe média baixa e continua, até onde sei, internado numa clínica para reabilitação de drogados. Um lugar mantido pelo governo, ele não teria como pagar uma clínica particular, pois gastou tudo o que recebeu ao ser demitido com dívidas que fez com o vício.

"Tudo o que ele está passando, Geórgia, ainda é pouco. Muito pouco. A culpa pelo que aconteceu a você e a nossa filha é dele, vai ser sempre dele. Eu jamais vou perdoar-lhe, Geórgia. Jamais!"

As lágrimas haviam se secado por causa do ódio. Richard, agora, de rosto lívido, respirou fundo e acrescentou:

— Só falta agora descobrir quem foi o desgraçado que atirou em você e em Samantha. E ele vai parar na cadeira elétrica pelo que fez. Eu juro para você, por tudo que há de mais sagrado, que não vou sossegar enquanto isso não acontecer.

Richard ajoelhou sobre o gramado sem se importar de sujar as calças na região do joelho. Curvou-se sobre a lápide e a beijou.

Passando a mão por ali, como quem acaricia o rosto de uma pessoa amada, ele completou:

— Eu amo você, Geórgia. Nunca se esqueça disso. Amo muito.

Mas Geórgia Johnson não estava ali no cemitério. Ali só se encontrava o físico que abrigou seu espírito em sua mais recente passagem pela Terra. Geórgia estava numa colônia chamada Nosso Lar*, envolvida em atividades, redescobrindo a si mesma como espírito no universo espiritual.

༺❦༻

Meses depois, Peterson Medina deixava a clínica de reabilitação para drogados. Sabendo que o marido logo teria alta, Martha Medina, sua esposa, enviou vários currículos dele para os anúncios de empregos.

O advogado de Peterson havia entrado com um recurso, recorrendo contra a decisão do Conselho de Medicina de cancelar o diploma do médico. Até que isso fosse julgado seria melhor que trabalhasse com algo para garantir o sustento da família.

Nem bem tinha voltado para a casa, foi chamado para uma entrevista de emprego numa companhia de Seguros. Para a sua surpresa, saiu-se muito bem na entrevista sendo contratado pela empresa. No dia seguinte, à hora marcada, deveria retornar com seus documentos, para acertar detalhes da contratação com a equipe de RH.

Peterson ficou empolgadíssimo com a novidade, ergueu seu moral. Ser aprovado na entrevista para um emprego para o qual não tinha a menor experiência, tampouco vocação, havia sido uma grande vitória para ele.

Na manhã do dia seguinte, Peterson Medina acordou ansioso. Entrou na sala de RH da empresa que estava prestes a contratá-lo, com pontualidade britânica. Havia somente uma mulher, elegantemente vestida, aguardando para ser atendida pela responsável pelo setor de RH.

---

*A colônia espiritual Nosso Lar é uma espécie de cidade onde se reúnem espíritos para aprender e trabalhar entre uma encarnação e outra. Foi também retratada por Chico Xavier na sua obra "Nosso Lar", ditada pelo espírito André Luiz. (N. A.)

Ela olhou-o com muita atenção. Seu rosto não lhe era estranho. Onde o teria visto? perguntou-se. Sem resposta, voltou a se concentrar na revista que estava lendo. Somente quando folheava a seção de saúde é que ela se lembrou porque o rosto de Peterson lhe era familiar. No mesmo instante, levantou-se de onde estava, como que movida por uma mola e dirigiu-se a ele:

— Desculpe a intromissão, mas o senhor não é aquele médico que, recentemente, perdeu o direito de exercer a profissão?

Peterson procurou refazer-se da surpresa. Notando que o homem a sua frente a ouvia atentamente, a senhora prosseguiu:

— Ainda bem que seu diploma foi cassado.

Peterson afrouxou o colarinho, de nervoso.

A mulher continuou:

— Tipos como o senhor são um perigo para a sociedade, para nós, pacientes. Sabe o que significa para um parente entregar um ente querido nas mãos de um médico, na esperança de que ele o cure e descobrir, mais tarde, que esse médico é um viciado em drogas, que mal sabe o que faz de tão drogado que está?

A coordenadora de RH, havia entrado na sala, sem que eles notassem, por isso pôde ouvir o que a mulher dizia a Peterson.

— Com licença? — disse ela, aproximando-se dos dois.

Seu tom era demasiadamente calmo, usado com o intuito de acalmar os nervos à flor da pele das pessoas. A mulher virou-se para a coordenadora de RH e falou, com todas as letras:

— A senhora sabe quem é esse sujeito, minha senhora?

— Sei, sim. — respondeu a coordenadora, sem graça.

Com jeitinho, a coordenadora de RH pediu novamente licença para a mulher exaltada e fez um sinal para que Peterson a acompanhasse. Assim que os dois se fecharam no escritório, ela perguntou:

— Aquilo tudo que aquela senhora disse há pouco sobre o senhor, é verdade, não?

— Infelizmente é.

A coordenadora refletiu por alguns instantes antes de dizer:

— Infelizmente seu passado depõe contra o senhor, sendo assim não podemos contratá-lo.

— Mas vocês iriam me contratar, estava tudo acertado.

— Eu sei, mas depois do que acabo de descobrir, não fica bem termos alguém na empresa com um passado tão exposto como o do senhor.

— Ninguém precisa saber do meu passado.

— Não posso deixar de falar a respeito dele para os meus superiores. Eu sinto muito.

— Por favor, eu preciso desse emprego.

— O senhor certamente irá encontrar outro. Não se preocupe.

— É uma questão de urgência, tenho filhos e esposa para sustentar.

— Eu compreendo o seu desespero, mas fico de mãos atadas. No seu caso, eu sinto muito.

Vendo que não adiantava mais implorar pelo emprego, Peterson Medina deixou o local. Saiu rapidamente. Uma vez na rua, respirou fundo. Estava mais uma vez, desolado. Aquilo não podia ser verdade. Parecia uma história de filme. Sua vida havia virado de ponta cabeça. E nada nunca mais voltaria ao normal.

Seu estômago roncou, estava com fome, só então se lembrou de que não havia tomado direito o café da manhã. Seria melhor voltar para a casa antes que caísse de fraqueza.

Ao parar num posto para pôr gasolina, um anúncio chamou sua atenção: "Lava-carros: Precisa-se de funcionários".

Assim que Peterson chegou em sua casa, expôs o episódio desagradável que viveu na empresa que estava prestes a contratá-lo. A esposa, que já havia tomado um calmante aquela manhã, tomou outro, tamanho nervosismo, na esperança de apaziguar seu desespero. O marido disse:

— Por outro lado, já consegui um outro emprego. No lava-carros rente a um posto de gasolina bem próximo da empresa que ia me contratar.

— Você trabalhando num lava-carros?! Você só pode estar brincando comigo, Peterson.

— Não estou não, *honey*. Começo amanhã.

— Você é um médico, Peterson, esse é um trabalho para...

— Qualquer um, Martha. Estamos tão sem dinheiro que o pouco que entrar é bem-vindo.

— Você não tem vergonha de que um amigo ou um conhecido ou um parente passe pelo posto e o veja lá?

— Não. Ninguém me estendeu a mão quando precisei, por isso não devo nada a ninguém.

O filho que ouvira a conversa entre o pai e a mãe, entrou na sala e disse:

— Eu vou com o senhor, papai.

— John?!

A mãe interpelou a conversa. Disse, autoritária:

— Você não vai mesmo! Onde já se viu um filho meu, lavador de carros?

— Estamos precisando de dinheiro, mamãe. Trabalharemos lá até conseguirmos um emprego melhor.

— Eu não vou suportar isso.

— Há coisas bem piores para suportar, mamãe.

— Mais do que já nos aconteceu?! Duvido!

Martha ainda não tinha dado meia dúzia de passos quando a mão de Peterson segurou o seu braço por trás. Ela, então, virou-se abruptamente, revelando sua face ainda mais sombria.

— Martha, ouça-me.

Ela evitou os olhos do marido.

— Por favor.

Ele a desarmou com aquela simples palavra. Então, disse, calmamente:

— Eu preciso de sua ajuda, Martha, agora mais do que nunca. Todos nós precisamos. Vamos nos manter unidos para o bem de todos. A união faz a força.

— É muito penoso para mim ter de me rebaixar de condição social, Peterson. É vergonhoso, na verdade. Antes eu era a esposa do doutor Peterson Medina. Hoje sou a mulher de um...

Ela não conseguiu terminar a frase, chorou. Peterson a consolou em seu peito.

— Tudo a gente supera, Martha. Tudo, acredite-me. Eu superei o vício. Pensei que jamais conseguiria, mas consegui e graças ao seu apoio e o de nossos filhos.

CAPÍTULO 8

Os seis meses de prorrogação da licença de Richard chegaram ao fim. Ele estava novamente de volta ao hospital, para reassumir seu posto. Conseguiria ele desta vez? Essa era a pergunta que todos os seus colegas de trabalho faziam, até ele próprio.

No íntimo, Richard sabia que não estava preparado para voltar, no entanto, era preciso. Ficara afastado por tempo demais. O trabalho, apesar de exaustivo, ocuparia sua mente, fazendo com que se esquecesse da tragédia.

Ao passar pela sala de espera do hospital, uma mulher, elegantemente vestida, levantou-se no mesmo instante e foi atrás dele.

— Com licença? — disse ela, aproximando-se de Richard.

Richard, arriscou um olhar em sua direção e disse:

— Pois não?

— Olá, meu nome é Ângela Bertran. Foi o senhor que salvou a vida da minha mãe meses atrás. Não tive a oportunidade na ocasião de agradecer ao senhor pelo que fez a ela, pelo que fez, na verdade, por toda a nossa família. Porque salvando minha mãe, poupou todos nós de uma grande tristeza. Por isso lhe agradeço agora. Muito obrigada, mesmo. Em nome de toda a minha família.

— Não precisa me agradecer nada, não. — respondeu Richard, secamente.

— É preciso, sim. O senhor precisa saber o que significa para o ser humano. É por causa do senhor que vidas e mais vidas são prolongadas. O senhor e muitos médicos são na verdade, anjos.

A mulher agora olhava para Richard com os olhos embaçados de lágrimas.

As palavras conseguiram comovê-lo, profundamente. Ele ficou em silêncio por alguns segundos, com os olhos baixos. Então, levantou a cabeça, encarou Ângela Bertran e agradeceu:

— Obrigado.

Ângela sorriu, emocionada. Ia se retirando quando Richard perguntou:

— Quando foi exatamente que operei a sua mãe?

— Foi há oito meses. — respondeu a mulher com delicadeza. — Foi num sábado à noite, por volta da uma e meia da madrugada. Mamãe passou mal, sentiu uma forte dor no peito, por isso a trouxemos para o pronto-socorro daqui. Depois de rápidos exames, constatou-se que ela precisava fazer uma ponte de safena, urgente. O Médico responsável era, segundo me lembro, o doutor Peterson... Não me recordo do sobrenome. Segundo me informaram, ele passou mal assim que a cirurgia começou, por isso chamaram o senhor para substituí-lo. Se o senhor não tivesse vindo, nem sei o que poderia ter acontecido à minha mãe...

As palavras de Richard, a seguir, saltaram-lhe a boca como que por vontade própria:

— Pois eu sei, minha senhora. Sei, muito bem, o que teria acontecido se eu não tivesse vindo para cá. Minha esposa ainda estaria viva e, minha filha, não estaria há meses em coma.

A mulher se assustou com o tom áspero de Richard. Sua voz havia assumido um tom sinistro.

A dor distorcia-lhe agora a face. Com os olhos voltados para o chão, entre lágrimas, ele contou tudo o que havia lhe acontecido naquela noite fatídica.

Ângela Bertran ficou em silêncio, por alguns segundos, refletindo sobre aquela espantosa narrativa.

— Eu sinto muito. — disse, enfim, com um leve tremor na voz.

Richard enrubesceu contritamente.

— Eu sinto muito... — repetiu ele, com desdém. — É só isso que as pessoas sabem dizer: "Eu sinto muito!", só que na verdade elas não sentem nada! Não sentem porque não foi com elas que aconteceu o que aconteceu. Foi comigo! Somente quando se sente na própria pele uma catástrofe, como a que ocorreu comigo é que se pode sentir muito de fato.

A pergunta que ele fez a Ângela, a seguir, foi feita sem esperar por uma resposta definida:

— Você acha justo que uma mulher jovem, na flor da idade morra para poupar a vida de uma velha?

— Olhe aqui, meu senhor! — exaltou-se Ângela, chocada mais uma vez com as palavras do médico. — Sei que não deve estar sendo fácil para o senhor... Tudo isso, mas...

A voz de Richard cobriu a dela, abruptamente:

— Sabe o que seria melhor, mesmo, na minha opinião, minha senhora? É que velhos como a sua mãe morressem no lugar dos mais jovens, daqueles que ainda não tiveram a oportunidade de viver tudo o que já viveram e, muitas vezes, nem a valorizaram.

Os olhos de Ângela Bertran estavam grandes e assustados.

— O senhor precisa urgentemente de tratamento psiquiátrico. — foram suas palavras seguintes.

— Eu preciso mesmo é da minha esposa e da minha filha, vivas, ao meu lado. — bradou Richard, descontrolando-se ainda mais.

— O senhor se transformou num monstro. — comentou Ângela, com uma pequena ruga vincando-lhe a testa.

Richard foi impiedoso mais uma vez:

— Passe pelo que estou passando para ver como se sentirá!

Ângela Bertran tentou dizer mais alguma coisa, mas sua voz vacilou.

Richard, calado, partiu. A mulher ficou ali, olhando perplexa para o corredor por onde ele havia seguido. Aquelas palavras ainda a feriam por dentro como navalhas ferem a pele.

Richard chegou à sala de preparação para a cirurgia, mordendo os lábios, coçando a nuca, procurando se acalmar diante da irritação que tivera há pouco com a filha da paciente que, no seu pensamento, era responsável por todo seu sofrimento. Assim que trocou de roupa e se esterilizou, seguiu para a sala de cirurgia. Foi recebido por sua equipe com grande entusiasmo.

Àquela hora, o paciente a ser operado, já estava sedado. Richard, assim que entrou na sala procurou sorrir para todos, mas o sorriso não apareceu. O ódio despertado há pouco ainda devastava o seu interior.

Richard pegou o bisturi e deu início à operação. No entanto, por mais que procurasse se concentrar não conseguia êxito. Vozes começaram a infestar a sua cabeça, deixando-o surdo para tudo mais ao seu redor. Vozes que diziam: "Essa pessoa que você está salvando pode ser a pessoa que matou a sua esposa e deixou sua filha em coma!".

Richard procurava afastar esses pensamentos maus e se concentrar no que fazia. Mas as vozes logo voltavam a ecoar e dominar a sua mente:

"Foi por causa de um paciente, um paciente como este que se encontra agora em suas mãos, que você perdeu sua esposa, Richard."

Ele começou a tremer, respirou fundo, procurou se controlar e continuou operando. Apesar dos pesares, a operação terminou com êxito.

— Mais uma cirurgia bem sucedida do doutor Richard Johnson e sua equipe! — elogiou Patrick Kerpen na esperança de elevar o moral do doutor.

— Vamos ver até quando... — comentou Richard tirando o avental e jogando com toda força no cesto reservado para eles.

— Doutor. — chamou Patrick.

Richard olhou grave para o rapaz.

— O senhor está bem? — perguntou Patrick, transparecendo preocupação na voz.

— Não, Patrick, não estou. E estou cada vez mais convencido de que nunca mais encontrarei meu equilíbrio perfeito.

— Eu o compreendo, doutor.

— Não, você não me compreende, Patrick. O ser humano só compreende alguma coisa quando sente na própria pele. Caso contrário...

— Vá para o jardim, doutor, o ar puro lhe fará muito bem.

— Nada mais me faz bem, Patrick. Nada!

O clima pesou no recinto. Patrick, rompendo o silêncio desconcertante, lembrou ao médico:

— Daqui a meia hora começa a outra cirurgia.

Richard, balançando a cabeça positivamente, respondeu:

— Estarei aqui.

A referida cirurgia começou com dez minutos de atraso. As mesmas vozes que perturbaram a mente de Richard voltaram com mais intensidade:

"Essa pessoa que você está salvando pode ser a pessoa que matou sua esposa. E deixou sua filha em coma!".

Richard procurava afastar esses pensamentos maus e se concentrar no que fazia. Mas as vozes pareciam ser mais fortes que tudo:

"Foi por causa de um paciente, um paciente como este, que se encontra agora em suas mãos, que você perdeu sua esposa e filha!".

Richard começou a tremer e arquejar violentamente.

A equipe ficou novamente assustada, estranhando seu comportamento. Jamais o haviam visto naquele estado. Ele sempre fora tão equilibrado.

— Doutor Richard.. — chamou Patrick Kerpen.

Mas Richard não o ouviu. As vozes na sua mente não lhe permitiam. Antes que tivesse um surto e acabasse cometendo um erro grave durante a cirurgia, Patrick Kerpen achou melhor afastá-lo dali. Tomou com cuidado a ferramenta cirúrgica de sua mão e o levou para longe da mesa de cirurgia. Richard, subitamente, começou a chorar. Chorar convulsivamente. Patrick Kerpen voltou-se para a equipe, que olhava aturdida, na sua direção e ordenou:

— Philip, assuma a cirurgia, por favor. Você é tão capacitado quanto eu.

A equipe se entreolhou, assustada, insegura e incerta quanto ao que fazer.

Patrick foi incisivo:

77

— Não ouviu o que eu disse, homem? Meses atrás aconteceu o mesmo comigo. Coube a mim concluir a cirurgia começada pelo doutor Richard. Fiquei apavorado a princípio, mas depois relaxei. Vi naquele momento a oportunidade de provar para todos e para mim mesmo que era capaz de conduzir uma cirurgia muito mais do que eu pensava. Mostrar a todos e a mim mesmo que eu podia ser também um grande cirurgião. Agora chegou a hora de você enfrentar este desafio, Philip. Ver-se livre dos medos e das inseguranças de um médico recém-formado.

Philip Goff engoliu em seco, procurou pôr o medo de lado e fez o que o Dr. Patrick Karpen lhe pedia.

— Karen — acrescentou Patrick —, auxilie Philip como se estivesse auxiliando o Dr. Richard, por favor.

— O estado do paciente pode se agravar. — lembrou Anita Trent.

Patrick, mantendo a calma, observou:

— Faça tudo com calma, Philip, que tudo dará certo.

Philip respirou fundo e disse:

— Um paciente está em nossas mãos, depende inteiramente de nós agora e nós somos capazes de salvá-lo.

— É assim que se fala, doutor! — incentivou Karen.

Patrick não pretendia deixar o colega sozinho naquele momento. Só o fez pensar que ele assumiria a cirurgia por si só para aprender a confiar em si mesmo. Estaria ali para socorrê-lo em qualquer emergência. Anita Trent percebeu sua intenção e, por isso, sentiu-se tranquila.

Enquanto isso, Patrick levou Richard para fora da sala, deu-lhe um calmante e o deixou sob a guarda das enfermeiras. Então, voltou para a sala de cirurgia e ficou na antessala, observando o desenrolar da mesma que terminou, graças a Deus e ao bom desempenho de Philip Goff, com êxito.

— Parabéns, Philip! A você e a toda equipe. — saudou Patrick Karpen. — Vocês foram formidáveis.

— Surpreendi a mim mesmo. — confessou Philip Goff.

— Somos sempre bem mais capazes do que pensamos, meu caro. Só precisamos de uma oportunidade como a que teve agora para mostrar a si próprio e aos outros seu talento. Agora vá informar a família do paciente a respeito do êxito da cirurgia. Eles vão ficar felizes em saber.

Assim que Philip seguiu para a sala de espera, Patrick foi ter uma palavra com Richard.

— Como está doutor?

Richard, olhos vermelhos, sedado, voltou-se para o jovem médico e disse:

— Estou acabado, Patrick.

— Não diga isso, doutor. O senhor é um médico maravilhoso. Uma sumidade na sua área.

— Eu não consigo parar de pensar no que aconteceu a minha esposa e a minha filha.

— Eu sei o quanto deve estar sendo penoso para o senhor, mas...

— Nesses últimos minutos eu cheguei a uma conclusão, Patrick. Vou abandonar a medicina.

— Não faça isso, doutor.

— Nada me importa mais...

— O senhor é um médico brilhante.

— Eu fui um médico brilhante, Patrick. É diferente.

— É só uma fase, doutor. Vai passar...

— Nada do que sofri vai passar, Patrick. Nada. Absolutamente nada. Eu só quero uma coisa da vida, agora, já que não há como ressuscitar minha esposa amada... Que minha filha desperte do coma, só isso.

— Sua filha há de despertar, Dr. Richard. Com a graça de Deus, ela há de despertar, e quando isso acontecer, vai retomar a vida dela, seguir o rumo que achar melhor e, o senhor, terá de seguir o seu. E o do senhor é a medicina, Dr. Richard, o senhor ama o que faz.

— Eu amava, Patrick. Foi por causa da minha profissão, do amor e dedicação para com ela que eu perdi a minha esposa. E minha filha está em coma há oito meses.

— Pense no número de vidas que o senhor salvou.

— De que adianta salvar vidas, se não pude salvar a vida de minha esposa e, até o momento, da minha filha?

— O senhor precisa descansar, Dr. Richard, pôr a cabeça no lugar...

— Eu preciso apenas fazer justiça, Patrick. Justiça em nome da minha esposa e da minha filha.

O jovem médico fez ar de quem tenta entender algo que foge a sua compreensão. Diante de sua expressão, Richard explicou:

— Eu jurei que me vingaria de todos aqueles que direta ou indiretamente foram culpados pela morte da minha esposa e pelo coma de minha filha. De Peterson Medina eu já me vinguei, agora só falta o desgraçado que atirou nas duas. Até da senhora que tive de operar naquela noite eu me vinguei. Estou certo de que a filha contou à mãe a desgraça que indiretamente ela me causou. Tomara que sofra tanto quanto eu de remorso pelo que me fez.

Patrick não soube mais o que dizer.

※

Naquele dia, quando Ângela Bertran voltou para a casa em Mill Valley, encontrou a mãe, com a saúde recuperada, aguardando por ela, com um sorriso bonito nos lábios. Ângela não se conteve, chorou de emoção. Abraçou a mãe e agradeceu-lhe por tudo que ela havia feito na vida.

— Ah, mamãe, que bom ter a senhora aqui. Que bom que deu tudo certo naquela operação.

— Foi Deus quem me protegeu, filha.

— Foi, sim, mamãe.

As palavras de Richard voltaram a ecoar na mente de Ângela, deixando a mulher arrepiada de indignação. A frieza do médico era de dar pena, ele em si, era de dar pena. Voltando os olhos para a janela, Ângela avistou o jardim que a mãe e o pai cuidavam com tanto carinho. Cheio de flores que coloriam a vista e um perfume que exalava no ar. Ela se lembrou então do que ouviu certa vez um especialista lhe dizer: As flores são como o perdão, porque não há ninguém que fique indiferente a uma flor, da mesma forma em relação ao perdão.

Voltando a pensar em Richard, Ângela desejou que um jardim bonito como aquele crescesse em seu interior, especialmente em seu coração. Um jardim repleto de flores do perdão. Porque só o perdão, acreditava ela, poderia salvá-lo daquele caos emocional em que se encontrava.

❦

Naquela noite, quando Patrick Karpen voltou para a casa, contou para a esposa, uma jovem brasileira, radicada nos Estados Unidos, a dramática história de Richard e de seu desejo incontrolável por vingança.

A brasileira, muito espiritualizada, pôs o nome de Richard e da filha na lista de intenções, para que ambos fossem abençoados pelo poder da oração.

❦

No dia seguinte, Richard Johnson pediu as contas no hospital onde trabalhou por mais de dez anos. Quando lhe perguntaram quem assumiria sua equipe, ele sugeriu Patrick Karpen. Quando este perguntou ao ex-chefe do que ele ia viver dali em diante, Richard respondeu:

— Das minhas economias, meu rapaz. Sou um homem simples, Patrick. O dinheiro que eu ganhava não era para mim, era para dar o melhor a minha família. Agora...

— Se precisar de um ombro amigo saiba que o senhor pode contar comigo. Nunca se esqueça disso.

— Não esquecerei. Você é um grande homem.

❦

Naquela tarde, quando Daniel chegou ao hospital para visitar Samantha, como fazia habitualmente desde que ela entrara em coma, Richard lhe contou os últimos acontecimentos.

— Samantha vai ficar desapontada com o senhor por ter feito isso, Dr. Richard.

— Daniel, foi a medicina que destruiu a minha vida, será que você não entende? Enquanto não me vingar de todos que destruíram a minha vida, a de Geórgia e de Samantha não vou sossegar.

— É revoltante, sem dúvida. Entendo o senhor, mas será que vale a pena viver por uma vingança?

Richard baixou a cabeça, preferiu não prolongar o assunto.

❦

Enquanto isso em Nosso Lar... Geórgia caminhava ao lado de um guia espiritual. Ao avistar um lindo e extenso canteiro de flores, ela perguntou:

— Que flores são aquelas?

— São chamadas de flores do perdão. Você planta uma flor ali, como se estivesse plantando o perdão no interior de um indivíduo, encarnado ou desencarnado. É uma força a mais para ajudar quem precisa perdoar a desenvolver dentro de si o dom do perdão.

— Vou plantar uma para meu marido. Sinto que ele vai precisar. Se não houver uma força do Além será muito difícil para ele perdoar tudo que nos aconteceu.

❦

Desde que Richard Johnson pedira demissão do seu posto, ele voltou a dedicar sua vida, inteiramente, à filha. Passava todas as horas que lhe eram permitidas ao lado dela no hospital, muitas vezes, conversando como se ela pudesse compreender tudo o que dizia. Ele até chegava a deduzir o que ela diria em relação ao que comentava.

Nos finais de tarde, Daniel Hartamann aparecia, como sempre para ficar por uma hora na companhia da jovem que tanto amava.

Semana depois, Scarlett Johnson Smith, irmã de Richard, foi visitá-lo e aconselhou:

— Saia desta casa, Richard. Você se sentirá melhor, morando noutro local.

— Não saio. Essa é a casa que eu construí para morar com Geórgia e Samantha. Vou viver aqui até morrer. Além do mais, posso sentir Geórgia pela casa, o cheiro de sua pele, seu perfume. Em cada canto há um pouco dela, dos momentos alegres que vivemos ao lado um do outro. Ao lado de Sam.

— Você deveria se casar novamente...

— Não diga tolices, Scarlett.
— Você precisa recomeçar a sua vida. É muito moço...
— Para mim só existiu uma mulher: Geórgia e, você, sabe disso.
— Eu sei...
— Então por que me sugere uma bobagem dessas?
— Porque quero a sua felicidade, Richard. Preocupo-me com você.
— Agradeço a sua preocupação, mas...
— Ah, Richard, como eu queria ajudá-lo a superar tudo isso.

Ele procurou sorrir para a irmã, um sorriso triste. Ela retribuiu o sorriso, embotado também de tristeza.

CAPÍTULO 9

Havia se passado um ano desde a tragédia. Nesse período, Daniel Hartamann visitou Samantha Johnson no hospital, diariamente, aguardando, ansioso, que ela despertasse do coma. Richard Johnson fez e aguardava o mesmo.

Numa quinta-feira, assim que Daniel chegou do hospital, por volta das sete horas da noite, encontrou a mãe e o pai na sala, esperando por ele.

— Olá, mamãe. Olá, papai.

— Olá, filho. — respondeu a mãe. — Eu e seu pai estávamos esperando por você.

O filho olhou-a mais atentamente.

— Aconteceu alguma coisa?

— Aconteceu, Daniel.

— O que? Diga-me logo, não me mantenha em suspense. É algo relacionado a Samantha? Aconteceu alguma coisa com ela depois que deixei o hospital?

— Sim. Sente-se.

Ele começou a chorar.

— O que houve com ela, mamãe?

A mãe respondeu friamente:

— Ela continua lá, naquele quarto de hospital, entubada, vegetando.

— A senhora fala dela de uma forma tão...
— Realista?
— Fria, cruel até, eu diria.

Isadora Hartamann levantou-se, foi até a janela, passeou os olhos pela paisagem lá fora, depois voltou-se para o filho e disse com todas as letras:

— Chega Daniel, chega de viver de ilusão.
— Do que a senhora está falando?
— Estou falando de você em relação a Samantha. Não se engane mais, não se iluda mais, Samantha está condenada, ela nunca mais despertará do coma.
— Não diga isso, mamãe.
— Digo sim. Você precisa encarar a realidade.
— Não.
— Filho... — O pai tentou defender a esposa.
— Vocês estão sendo cruéis para comigo, para com Samantha.
— Filho, ouça o que sua mãe tem a lhe dizer, é muito importante.
— Importante?
— É. Para o seu próprio bem.

Ele respirou fundo, tornou a sentar, escondeu o rosto entre as mãos e procurou se acalmar. A mãe continuou:

— Eu gostava de Samantha, Daniel, seu pai também. Ela era a garota perfeita para você se casar. Esforçada, bonita, de boa família... Infelizmente aconteceu a tragédia, senti muita pena dela e de você, porque sei o quanto a ama. Entretanto, temos de ser realistas, por mais que queiramos que ela saia do coma, ela jamais vai sair. Já se passou um ano, passará mais um e mais outro e mais outro... até o corpo não aguentar mais e morrer.
— Ela pode acordar amanhã.
— Ainda que acorde, quais serão as sequelas do que ela sofreu? O tiro, pelo que sei, acertou a nuca. Alguma sequela deixou.
— Os médicos não têm certeza.
— Ela pode tornar-se paraplégica.
— Vamos lá, mamãe, abra o jogo, sem rodeios, por favor. Aonde a senhora está querendo chegar?

— Em você filho. Na sua felicidade.

— A minha felicidade é ao lado de Samantha.

— Infelizmente não pode ser mais, meu querido. É por isso que quero abrir seus olhos. Você não pode mais ser feliz, como merece, ao lado dela. A felicidade de vocês foi interrompida. Cabe a você perceber isso e seguir outro rumo. Procurar uma nova garota, sadia, que possa fazê-lo feliz e lhe dar filhos... saudáveis.

— A senhora está sendo cruel.

— Estou sendo realista.

O marido novamente defendeu a esposa:

— Sua mãe fala a verdade, Daniel. Você não pode deixar de viver por causa de uma moça que está em coma e tem oitenta por cento de chances de nunca mais acordar. Não pode, filho. Você tem de seguir em frente, continuar sua vida.

A mãe voltou a falar:

— Você quer ter filhos, Daniel e eu quero ter netos seus. Seu pai também.

O moço baixou os olhos, não sabia mais o que dizer. A mãe foi enfática mais uma vez:

— Pense, pelo menos por um minuto, na sua felicidade, Daniel, por favor.

— Eu não posso abandonar Samantha.

— Ela jamais ficará sabendo que você se casou com outra, filho, porque ela nunca mais vai despertar do coma.

Houve uma breve pausa até que a mãe desse sua opinião sincera sobre o quadro.

— Eu, particularmente, acho um absurdo um pai deixar a filha nessa situação. Se fosse eu, pediria para desligar os aparelhos que a mantêm viva, poupando assim a filha dessa vida vegetativa, inumana.

— A senhora fala assim porque não é a filha da senhora que está lá no hospital, internada, em coma profundo, se fosse...

Isadora Hartamann fingiu-se de surda. Assim que o filho fez menção de deixar a sala, ela o alertou:

— Pense no que sua mãe e seu pai lhe disseram, Daniel. Para o seu próprio bem.

Ao deitar-se, naquela noite, Daniel ficou por longos minutos rememorando a conversa que tivera com o pai e a mãe horas antes. Estariam eles certos? Seriam realistas ou pessimistas? Voltou à lembrança a conversa que ele teve com Samantha no baile, enquanto dançava, colado a ela.

"Ainda me lembro, como se fosse hoje, de quando nos encontramos na fábrica de chocolate. Do receio de me aproximar de você e trocar uma ideia. Dos segundos que fiquei ensaiando o que eu iria dizer para você e dos segundos que perdi me criticando por achar meu texto piegas demais. Lembro com nitidez a primeira vez em que você sorriu para mim e eu sorri, ainda que trêmulo, para você. Do momento em que falei: 'Você é também uma chocólatra' e da pontada de alívio, relaxando o meu peito, quando você respondeu: "Também.". Como a gente é bobo e inseguro, não? Se eu não tivesse rompido o medo e a vergonha poderia ter perdido a oportunidade de conhecer você..."

A lembrança daquele trecho do passado tirou lágrimas de Daniel. Em meio à lágrimas, outro trecho da conversa que os dois tiveram naquela noite, durante o baile de formatura, voltou a sua memória.

"Lembro-me também, como se fosse hoje, do momento em que a paixão por você explodiu dentro do meu peito, como se fossem fogos de artifício. Da hora em que expus meus sentimentos por você e você me surpreendeu dizendo que sentia o mesmo por mim. Da surpresa maior que foi quando, no cinema, você tocou a minha mão, depois a envolveu, entrelaçou seus dedos nos meus. Uma certeza eu tenho: foi o destino quem nos uniu. Lindo e surpreendentemente.

"A última palavra encerrou-se com um beijo, transbordando de afeto e paixão.

"Já lhe disse que quero ter pelo menos três filhos? Uma menina e dois meninos. Agora, você vai brigar comigo quando souber que eu já tenho, desde menina, os nomes para pôr neles três.

— Jura?!

— Sim.

— Quais são?

— Rebecca, Joshua e Ben. Você vai brigar comigo por causa dos nomes, não? Saiba que eu não abro mão deles.

— Eu jamais vou brigar com você, Sam. Seria um tolo se brigasse por causa disso.

"Mirando fundo nos olhos dela, ele beijou-lhe os lábios mais uma vez e comentou:"

Não, ele não podia desistir dela. Ainda mais agora que precisava tanto dele. Por isso, estava decidido a esperar por ela, quanto tempo fosse preciso, até que despertasse do coma e pudesse se casar com ele e realizar tudo que um prometeu ao outro.

Se Daniel pensou que, tendo decidido esperar por Samantha teria resolvido o assunto, poderia descansar em paz, enganou-se. Logo, suas noites tornaram-se mal dormidas, em meio a pesadelos terríveis. Por ter dormido mal, vivia perdendo a hora de se levantar, chegando assim, atrasado ao trabalho. Taylor Uchida, seu chefe, foi obrigado a ter uma conversa séria com ele.

— O que está acontecendo com você, Daniel? Você sempre foi um exemplo de funcionário, agora vive chegando atrasado ao emprego, parece tão desligado de tudo, tão sem energia.

— Ah, Taylor, você sabe a situação delicada em que me encontro, não sabe? Só peço que tenha um pouco de paciência para comigo. Por favor.

— Daniel, se conselho fosse bom, não se dava, vendia-se. De qualquer forma vou dar um, mesmo assim. Esqueça sua namorada!

— Esquecer, como? Eu a amo, Taylor.

— Eu sei, todos sabem. Qualquer um que tomar conhecimento da sua história saberá imediatamente o quanto você a ama, mas, ao saber do estado em que ela se encontra, acabará lhe dando o mesmo conselho que dei. Por quê? Bem, as razões são óbvias: ela não vai despertar do coma.

— Minha mãe também pensa a mesma coisa. Deu-me o mesmo conselho semanas atrás.

— Nem sempre podemos ficar com quem tanto amamos, Daniel. Essa é uma das grandes verdades da vida. Eu sinto muito. Só falei tudo isso para ajudá-lo, porque lhe quero bem.

— Eu sei. Muito obrigado.

Daniel, mais tarde, naquele dia, lembrou-se das palavras que sua avó paterna lhe disse certa vez:

"Quando estiver com um problema e não souber o que fazer, pense em Deus. Entregue o problema nas mãos Dele e tudo se resolverá."

Foi o que Daniel Hartamann fez. Que Deus iluminasse seu caminho. Acendesse uma luz no fim do túnel, escuro e estreito em que ele se encontrava preso. Que direcionasse seus pensamentos e ações.

Desde, então, ele passou a viver apoiado em Deus.

Nos meses que se seguiram, Richard Johnson se viu também diante de um dilema aterrorizador.

Os médicos que estavam cuidando de Samantha tiveram uma conversa séria com ele, para levantar a hipótese de praticar a eutanásia* com relação à Samantha.

— Richard — tentou explicar o Dr. Jacob Shadday —, o quadro clínico de sua filha é muito grave. Ninguém no estado dela voltou à vida até hoje.

— Para tudo há uma exceção, Jacob. Você, ou melhor, vocês me ofendem, falando nisso.

— Estamos tentando ajudar.

— Não, Jacob! Vocês estão tentando matar minha filha e, consequentemente, me matar.

— Richard...

— Não diga mais nada, Jacob. Por favor. Quero continuar admirando a sua pessoa.

— Desculpe-me, eu não deveria ter...

---

*É a prática pela qual se abrevia a vida de um enfermo incurável de maneira controlada e assistida por um especialista. (N. A.)

Richard, em silêncio, deixou o aposento e voltou para o quarto onde Samantha estava internada.

Naquela tarde, assim que Daniel chegou para a sua habitual visita a Samantha, Richard contou-lhe a conversa que teve com o Dr. Jacob Shadday e com o outro médico que estavam cuidando de Samantha.

Richard ainda se mostrava indignado com a sugestão dos médicos. Revoltado seria a palavra mais certa para descrever suas emoções.

Daniel ficou calado, temporariamente, refletindo sobre a proposta de eutanásia. Novamente, as palavras de sua mãe se repetiram na sua mente: 'Eu, particularmente, acho um absurdo um pai deixar a filha nessa situação. Se fosse eu, pediria para desligar os aparelhos que a mantêm viva, poupando assim a filha dessa vida vegetativa, inumana.'

Rompendo o silêncio funesto que se alastrou pelo quarto, Daniel falou:

— Doutor Richard, estava pensando aqui com os meus botões, será que...

— Você também, Daniel?! — exaltou-se Richard, cheio de indignação. — Foi você o primeiro a me pedir que não fizesse, que nem chegasse a pensar em eutanásia, lembra? Que aguentássemos as pontas, como sua geração fala, até o fim.

— Disse mesmo, Doutor, mas agora, depois de tanto tempo...

— Você me disse também para não perder a esperança, lembra?

— Sim, mas...

— Onde foi parar a sua, Daniel?!

Daniel Hartamann emudeceu. Sua mente, entretanto, não. Os conselhos da mãe e do pai se repetiam alto dentro dela:

"Chega Daniel, chega de viver de ilusão... Não se engane mais, não se iluda mais, Samantha está condenada, ela nunca mais despertará do coma... Você precisa encarar a realidade... Eu gostava de Samantha, Daniel, seu pai também. Ela era a garota perfeita para você se casar. Esforçada, bonita, de boa família... Infelizmente aconteceu aquela tragédia, senti muita pena dela e de você, porque sei o quanto a ama. Entretanto, temos de ser realistas, por mais que queiramos que ela saia do coma, ela jamais vai sair. Já se passou um ano, passará mais um e mais outro e mais outro... Até o corpo não aguentar mais e morrer... Ainda que ela acorde, quais serão as sequelas do que ela sofreu? O tiro, pelo que sei, acertou a nuca. Alguma sequela deixou. Ela pode tornar-se paraplégica. Você não pode mais ser feliz, como merece, ao lado dela. A felicidade de vocês foi interrompida. Cabe a você perceber isso e seguir outro rumo. Procurar uma nova garota, sadia, que possa fazê-la feliz e lhe dar filhos... saudáveis."

— Doutor Richard. — disse Daniel, despertando dos seus pensamentos. — Preciso ir. Se precisar de mim, é só me ligar.

Daniel partiu do hospital naquele começo de noite, totalmente desesperançoso. Pelo caminho tocou seu celular, era Miriam Takamoto, amiga desde os tempos de adolescente, quem parecia lhe querer muito bem. Ele estacionou o carro ao meio fio, para poder atendê-la.

— Olá, Miriam — disse ele num tom angustiado. — Estou no trânsito. Pode falar, parei ao meio fio para poder atender sua ligação. Estou angustiado, sim, deu para perceber, né? Estou voltando do hospital, acabo de ouvir do pai de Samantha o parecer dos médicos que estão cuidando dela e o parecer não é nada otimista. Estou sim, precisando desabafar. Tudo bem, eu passo aí na sua casa.

De fato, o que Daniel mais precisava naquele momento era de um ombro para desabafar.

✽

No dia seguinte, logo pela manhã, Richard estava mais uma vez diante do túmulo da esposa. Local que visitava semanalmente desde que ela fora sepultada ali um ano e meio atrás. Era inacreditável para ele que já havia se passado um ano e meio desde a sua morte.

— Olá, Geórgia. — disse ele como se ela estivesse ali, à sua frente. Ainda era difícil para ele falar com ela. As lágrimas logo irrompiam de seus olhos, a voz lhe faltava. Como sempre, procurava se controlar.

— Eu não queria chorar, *honey*. Não mais enquanto estivesse aqui, de frente para você, mas não consigo me controlar. É sempre uma emoção muito forte para mim, estar aqui, você sabe...

"Seu perfume delicado, seu olhar apaixonado por mim, não me saem da lembrança. Tenho a impressão, muitas vezes, de que você está aqui ao meu lado.

"Nossa Sam ainda está em coma. Os médicos, os mais chegados a mim, me aconselharam a perder a esperança de que ela desperte do coma. Chegaram até a me pedir autorização para praticar a eutanásia. Mas eu jamais farei isso, Geórgia. Jamais!"

Ele respirou fundo para conter o pranto, mas foi em vão. Chorou, sentido, como se derramasse um oceano de dentro dele. Minutos depois, fez um novo desabafo:

— Sei muito bem que era a favor da eutanásia. Chegamos a falar a respeito durante muitas de nossas conversas, você até chegou a me convencer de que ela era de fato uma bênção para aqueles que caíam em coma profundo e acabavam sendo desenganados pelos médicos, mas hoje, diante do que aconteceu à Sam eu não posso concordar com essa opinião. Olho para a nossa filha, desacordada, e só penso numa coisa: no dia em que ela vai despertar do coma. Somente isso me invade a mente quando assumo o meu lugar habitual junto a seu leito no hospital.

"Desculpe-me, Geórgia, se não concorda comigo, só espero que entenda a minha posição. Sam foi tudo o que me restou na vida. É o único elo que me prende a ela. O único mesmo e, você sabe muito bem disso. Portanto, vou manter os aparelhos que mantêm a nossa filha, linda, viva, até que desperte ou parta para o mundo em que você se encontra agora, de livre e espontânea vontade.

"Eu não sei se Samantha em coma está sofrendo, meu amor, mas prefiro acreditar que não. Prefiro acreditar que está viajando por um mundo de sonhos coloridos e agradáveis. Pensar assim me consola, de certa forma."

Nas semanas que se seguiram, Daniel não mais aparecia no hospital todos os dias para visitar Samantha. As visitas diárias se restringiram a apenas uma visita semanal que depois tornou-se apenas mensal. Todavia ele sempre ligava para Richard para saber se não tinha novidades boas em relação a Samantha e para explicar sua ausência. Inventava desculpas, alegava trabalho dobrado. Daniel já não era mais o mesmo, percebeu Richard, mas acabou acreditando que a mudança no comportamento do rapaz se dava realmente por excesso de trabalho e não por descrença de que Samantha pudesse despertar do coma.

Início de fevereiro de 2003. Dois anos após a tragédia.

Samantha Johnson ainda continuava em coma. Para os médicos ela não mais despertaria, para Richard a esperança de ver a filha linda, cheia de vida, outra vez, ainda falava alto em seu coração.

Daniel Hartamann caminhava para o carro que deixara no estacionamento da empresa onde trabalhava quando a voz de Richard Johnson interrompeu seu pensamento. Daniel ficou roxo ao avistar o doutor parado a poucos metros de distância da onde se encontrava. Richard estava diferente, incomumente sério. Seu rosto estava grave e infeliz.

— Doutor Richard?! O senhor, por aqui, que coincidência.

O rapaz esticou a mão com firmeza, mas Richard a ignorou.

— Não é coincidência, Daniel. — falou Richard sem floreios. — Sabia que o encontraria aqui. Estava aguardando-o.

Daniel perguntou, com grande ansiedade:

— Aconteceu alguma coisa? O senhor parece preocupado. Ansioso por...

O rapaz se interrompeu:

— É a respeito de Sam?

— Você acertou na mosca, Daniel. É por causa dela mesmo que eu estou aqui.

Um sorriso bonito se insinuou na face bem escanhoada de Daniel Hartamann.

— Ela...

Por mais que tentasse, não conseguia terminar a frase. Seus lábios tremiam, os olhos transbordavam de emoção.

Os dois homens ficaram se olhando, emudecidos, durante alguns segundos. Foi Daniel quem quebrou o silêncio:

— Diga logo, doutor Richard, por favor. Não me mantenha mais em suspense. Samantha recobrou a lucidez?

— Ainda não, Daniel, infelizmente.

O rosto de Daniel Hartamann se contorceu de pesar.

— Eu sinto muito. Pensei que...

Ambos novamente se silenciaram. Com um suspiro impaciente, Richard Johnson acabou dizendo ao que vinha:

— Como você pôde fazer uma coisa dessas com Sam, Daniel?

A pergunta assustou o moço.

— A respeito do que o senhor está falando?

— A respeito do seu casamento, Daniel.

Com um movimento inesperado, Richard Johnson aproximou-se do rapaz, agarrou-lhe o braço e falou com autoridade:

— Como pode se casar com uma outra moça se dizia amar Samantha do fundo do seu coração?

— Doutor...

— Você traiu Sam, Daniel!

— Doutor...

— Estou decepcionado com você.

— Doutor, deixe-me explicar, por favor.

— Eu não aceito explicações.

Richard deu uma risada curta e amarga antes de completar:

— E você dizia amar minha filha.

Daniel Hartamann reverteu o quadro. Agora era ele quem segurava firme no braço do médico e o forçava a olhar para ele.

— Eu jamais trairia, Sam, doutor Richard. Eu a amava. Ela era tudo para mim.

— Era? Você fala como se ela tivesse morrido.

— De certa forma, Sam está morta sim, doutor Richard.

— Não! — gritou o médico, revoltado. — Minha filha está viva!

— Já se passaram precisamente dois anos e dois meses, doutor... Os médicos dizem...

— Os médicos não sabem o que dizem... Cada caso é um caso.

— Eu rezei pela recuperação dela durante esses dois anos, cheguei a implorar a Deus para que Sam despertasse do coma, infelizmente Deus não atendeu as minhas preces. E sabe, por que, doutor Richard? Porque é melhor que Sam não desperte mesmo, nenhum médico sabe ao certo os danos físicos que as sequelas vão deixar nela. Ela pode ficar para o resto da vida entrevada numa cama, viver como um vegetal. Ela não suportaria se ver nessa situação. Não ela que era tão alegre, tão cheia de vida, tão feliz.

Com um puxão, o médico desprendeu o braço das mãos do rapaz. Sem pensar duas vezes deu-lhe um soco tão forte que Daniel caiu sobre o carro, com tanto impacto que disparou o alarme do veículo.

— Isso é para você aprender a medir suas palavras, seu desalmado! — bramiu Richard, tomado de cólera.

Richard Johnson deu meia volta e tomou a direção que levava até seu carro que também havia estacionado ali. Daniel Hartamann assim que endireitou o corpo foi atrás do médico. Pegou firme no seu ombro e fê-lo parar.

— Doutor Richard, o senhor precisa saber as razões que me fizeram procurar outra moça para me casar.

Sem se voltar para o rapaz, espumando de raiva, Richard Johnson disse:

— Eu não quero saber.

— O senhor tem de saber. — insistiu o rapaz.

No minuto seguinte, Daniel contou os motivos que o levaram a desistir de Samantha, procurar uma nova garota e acabar decidindo por se casar com ela.

— Miriam Takamoto é uma boa moça. — explicou Daniel. — É bonita, inteligente, esforçada... Eu não a amo como amei Sam. Como ainda a amo... Seria impossível, o meu amor e o de Samantha eram fortes demais.

Todavia, eu tive de pensar em mim também, no meu futuro, no meu ideal de família, de filhos, no desejo dos meus pais de serem avós.

"Ah, doutor Richard, eu quis muito acreditar que Sam despertaria do coma, mas as evidências acabaram me desiludindo, fazendo-me perceber que as minhas esperanças eram vãs."

— Minha filha vai despertar do coma, Daniel! Disso eu tenho a certeza.

— Eu ainda gostaria de ter a mesma esperança que o senhor, no entanto...

— Como você acha que Samantha vai se sentir, quando despertar, e souber que você se casou com outra? Como?!

As palavras novamente faltaram para Daniel Hartamann. Diante da falta de palavras, Daniel achou melhor não prolongar o assunto. Pegou firme no ombro de Richard e se despediu:

— Eu preciso ir, doutor Richard, senão vou chegar atrasado ao meu compromisso.

— Você é um desalmado, Daniel. Se houver justiça nessa vida você há de pagar pelo que está fazendo à minha filha. Há de pagar duramente.

Daniel achou melhor não se manifestar. Voltou para o local onde havia deixado seu carro, entrou, ajeitou os cabelos desmantelados pelo vento, ligou o motor e partiu. Percebeu-se trêmulo, não era para menos, o encontro com Richard o havia tirado do ponto de equilíbrio.

Uma quadra depois, foi preciso estacionar o carro, para se recompor. Sentia o coração opresso, uma angústia que lhe dava um nó na garganta. Era vontade de chorar, chorar por pena de Sam, por pena dele próprio, pena dos sonhos e planos que teve com ela e que o destino destruiu. Quando conseguiu se acalmar, voltou os olhos para o céu e disse:

— Desculpe, Sam, mas tenho que seguir a minha vida. Espero que compreenda e me perdoe.

Semanas depois, Daniel Hartamann se casava com Miriam Takamoto. Era começo de abril do ano de 2003. O salão de festas estava tomado de convidados quando Miriam, trajando um lindo vestido de noiva, entrou ao som da marcha nupcial, sorrindo para os presentes, realizada por ter todos ali, presenciando o que considerava ser o dia mais importante da sua vida *(1)*.

Daniel Hartamann trajando um lindo *tuxedo(2)*, olhava com admiração para a noiva seguindo em sua direção. Ao lado dele estava o irmão, Ernie e o amigo Jason, escolhidos para serem seus padrinhos. Do lado que ficaria a noiva estavam Lorene e Daphne, as jovens amigas que Miriam escolhera para serem suas madrinhas.

A cerimônia de casamento nos Estados Unidos é diferente da que acontece no Brasil. Lá não se tem o hábito de chamar diversos casais para serem padrinhos do casal. A noiva chama apenas uma ou duas amigas para serem suas madrinhas e elas ficam no altar sozinhas, sem um par. Lá as madrinhas da noiva são chamadas de *Made of honor*. O mesmo faz o noivo, chama um ou dois amigos para serem seus padrinhos e estes também ficam no altar sem um par. Os padrinhos do noivo são chamados de *Best Man*.

Os pais de Daniel assistiam à cerimônia, emocionados. Emoção maior foi, como sempre, o momento em que o pastor pronuncia os votos de casamento e os noivos repetem. Por fim, ele perguntou:

— Se algum dos presentes tiver algo que impeça esse matrimônio que diga agora ou se cale para sempre.

Ouviu-se então a voz forte e sonora de Richard Johnson erguer-se entre os convidados. Todos voltaram assustados na sua direção. Os noivos também.

Richard se pôs de pé, seus olhos, vermelhos, lacrimejavam sem parar. Ele estava trêmulo, os lábios arroxeados, parecia que iria ter uma síncope a qualquer momento. Ele mirou fundo os olhos de Daniel e disse, com grande esforço:

— A gente só se casa com quem se ama. Daniel Hartamann não ama essa moça o suficiente para se casar com ela.

---

(1) É muito comum nos Estados Unidos fazer a cerimônia religiosa no próprio salão de festas. O padre ou pastor ou rabino se locomove até lá. (2) Famoso terno comumente usado em grandes ocasiões nos Estados Unidos. (N. A.)

— Doutor Richard... — interrompeu Daniel, mas não foi além disso, Richard não se silenciou.

— Você jurou se casar com Samantha Johnson, Daniel, lembra?

— Doutor Richard. — atalhou Daniel, novamente sem sucesso.

— Samantha, minha filha, o ama, Daniel. Ela precisa de você, agora mais do que nunca. Vocês prometeram um para o outro um casamento feliz, uma vida feliz... Não destrua os planos que fizeram, Daniel, por favor. Não a abandone.

O clima pesou no recinto. Daniel pediu licença à noiva e foi até o médico.

— Doutor Richard, nós já falamos a respeito disso, lembra?

— Eu não aceito suas desculpas, Daniel. Não aceito. O que será de Sam quando despertar do coma? Como acha que ela vai se sentir ao saber que você não esperou por sua melhora, que se casou com outra?!

Isadora Hartamann, mãe de Daniel saiu do lugar onde estava e foi até Richard. Via-se, nitidamente, que se sentia ultrajada com tudo aquilo.

— O senhor está descontrolado, doutor Richard. — disse ela, permitindo que sua voz revelasse o seu descontentamento com aquilo. — Por favor queira se retirar. Está estragando a cerimônia de casamento do meu filho.

Daniel voltou-se para ela e pediu com delicadeza:

— Mamãe, por favor, não complique mais as coisas.

— Quem está complicando as coisas não sou eu, Daniel, é ele!

Voltando os olhos, chorosos, para Richard, Daniel pediu encarecidamente:

— Doutor Richard, eu...

A voz de Isadora Hartamann se sobrepôs a do filho:

— Doutor Richard, exijo que se retire deste local, agora!

Richard baixou os olhos e, derramou-se num pranto agonizante.

— Isso não é justo, não é justo. — Lamentava em meio ao choro.

Isadora Hartamann, sacudindo a cabeça, com irritação opinou:

— O que não é justo é o senhor vir aqui estragar a cerimônia de casamento do meu filho.

Daniel fez sinal para que a mãe se calasse, mas Isadora estava alterada demais para atender seu pedido.

Todos os convidados se entreolhavam atônitos, surpresos, chocados. Ninguém ali pensou que um dia assistiria a uma cena tão tocante como aquela. No altar, Miriam se segurava para não chorar. O que estava sendo difícil.

Richard, então, subitamente cessou o choro, mirou Daniel com seus olhos vermelhos, cheios de dor e lhe revelou o que passou a pensar dele nos últimos tempos:

— Que bom, Daniel, que bom que Samantha não vai se casar com você, ela não o merece. Você é falso, fingido... Um mau caráter... Eu quero que você e sua família queimem no quinto dos infernos.

Sem mais, o médico se retirou do salão. Daniel permaneceu atônito, olhando para ele. Isadora Hartamann pegou no braço do filho e o puxou de volta ao altar improvisado.

— Podemos continuar? — perguntou o pastor.

Daniel Hartamann o olhou com grande preocupação.

— Daniel... — chamou Miriam Takamoto.

Daniel parecia estar ali apenas de corpo, sua alma vagava longe.

O pastor repetiu a pergunta:

— Podemos continuar?

A resposta foi dada pela noiva:

— Sim, senhor, por favor.

E, assim, o casamento pôde ser finalizado e, para alívio de todos, sem novas interrupções.

Foi preciso muita disposição por parte de Daniel para esquecer o acontecido. O rompante de Richard Johnson em seu casamento, suas palavras embargadas de emoção e depois impregnadas de ódio e revolta haviam mexido drasticamente com ele. Volta e meia, durante a festa de casamento ele se lembrava do ocorrido. Ele gostava de Richard, admirava-o como um pai, mas ele precisava compreender e aceitar a sua decisão de ter desistido de esperar por Samantha e ter decidido se casar com Miriam.

Precisava fazer muito mais do que isso, precisava compreender e aceitar ainda que fosse extremamente dolorido para ele, o fato de que Samantha nunca mais despertaria do coma.

Diante da introspecção de Daniel, Miriam Takamoto perguntou-lhe ao ouvido, assim que teve oportunidade:

— Você ainda está abalado com o que aconteceu, não?

— Não é para menos, Miriam. Aquilo me pegou de surpresa, fiquei com muita pena do senhor Richard. Quero-lhe muito bem.

— Eu sei. Até compreendo o seu desespero, mas ele não tinha o direito de fazer aquilo, Daniel. Ele quase estraga a nossa cerimônia de casamento. Ninguém tem o direito de estragar um dia tão importante para os noivos como este.

— Um homem no estado em que ele se encontra é digno de compreensão e perdão, Miriam. Eu já lhe perdoei pelo que fez, perdoe-lhe você também.

— Vou tentar. Agora vamos aproveitar a nossa festa de casamento, pois só acontece uma vez na vida.

Daniel procurou sorrir para a esposa, a puxou-a pela mão até a pista de dança, onde se embalaram ao som de lindas canções, em meio aos muitos convidados.

Naquela mesma noite, logo após a cerimônia, o casal partiu para o Caribe, onde passariam a lua-de-mel.

E o tempo seguiu seu curso.

CAPÍTULO 10

*Outubro de 2005,
quase cinco anos completos depois da tragédia...*

Richard estava mais uma vez no quarto da filha no hospital. Desta vez, porém, agitava-se em torno da cama, pendurando bexigas pelos cantos, penduricalhos decorativos para festas de aniversário. A tradicional frase "Feliz aniversário", presa num barbante, foi pregada na parede que ficava de frente para a cama. O quarto ganhou um aspecto mais alegre com tudo aquilo, até mesmo Richard estava mais feliz.

Assim que terminou de ajeitar tudo, parou rente à cama e conversou com a filha:

— Parabéns, Sam. Hoje você completa vinte e três anos de idade. Parece brincadeira, mas já estamos no ano de 2005. Parabéns, filha. Eu a amo muito, você sabe. Muito, muito, muito...

Ele curvou-se sobre ela e beijou-lhe a testa:

— Hoje se completa também quatro anos e onze meses que você está em coma. Falta apenas um mês para completar cinco anos de coma. Mas, eu não desisti de você, *honey*, espero que você também não tenha desistido de mim. Volte para mim, Sam. Por favor, meu amor. Você é tudo o que me restou na vida.

Era surpreendente para Richard que a filha estava acamada e inconsciente por tanto tempo. Só não era surpreendente para ele, continuar ali, ao lado dela, diariamente, convicto de que ela despertaria do coma um dia.

— Você pode me ouvir, não pode, Sam? Espero que sim. Espero de coração que minha voz possa atravessar o coma, chegar ao seu consciente.

"Quero lhe falar do ano de 2005. Não é um ano muito diferente de 2000, o qual você estava acostumada. O que mudou nesses cinco foi a tecnologia. Ela se aprimorou um bocado. Vivemos, sem dúvida, a era do computador. A internet virou uma febre, as pessoas estão realmente viciadas nela. As redes sociais cresceram surpreendentemente. Hoje todo mundo pode localizar com facilidade antigos amigos desde os tempos de escola e bater um papo simplesmente por meio de um teclado e uma *webcan*. Isso é, a meu ver muito positivo.

"O lado negativo da internet é que muita gente *baixa* filmes e shows pouco se importando que seja ilegal, as autoridades pouco se manifestam contra, daqui a pouco acho que Hollywood não vai produzir mais nada, nem as emissoras de TV, nem os músicos e cantores... Para que, se tudo é baixado pela internet de graça? A indústria cinematográfica, os cantores, artistas em geral vão viver do quê? *Baixar da internet* é, na minha opinião, uma expressão para mascarar a palavra roubo, porque pegar algo que está à venda sem pagar por ele, é roubo.

"Pior é comprar nos camelôs as cópias piratas de filmes, shows e seriados cujo dinheiro arrecadado com a venda é para sustentar o crime organizado. Incrível como à medida que o mundo melhora, muita coisa também piora."

Richard tomou ar e continuou:

— Os grandes filmes do ano foram a versão cinematográfica dos Quatro Fantásticos, da Feiticeira e, acredite, Sam, seu filme favorito, "A Fantástica Fábrica de Chocolate". Dessa vez com Johnny Deep no papel de Willy Wonka.

"Quero muito que você assista a nova versão da Fantástica Fabrica de Chocolate, assim que despertar do coma para me dizer de qual você gostou mais, da produzida em 1971 ou da atual. Por isso querida, você precisa despertar logo, para que possa ver tudo o que o mundo vem produzindo de bom.

"Este ano também teve um desenho muito engraçadinho que tive a oportunidade de assistir na TV a cabo, pelo sistema *pay-per-view*. Chama-se Madagascar. É um filme fantástico. A meu ver, uma metáfora sobre a vida. Conta a história de animais que vivem num zoológico onde têm do bom e do melhor e fogem de lá, pensando que na selva a vida é melhor. Todavia, descobrem a duras penas que melhor mesmo era a vida que já tinham no Zoológico, com toda mordomia. Digo que é uma metáfora, pois muita gente despreza a vida boa que tem por acreditar que a vida em outro lugar será bem melhor. Entretanto, quando mudam, descobrem que a vida que levavam já era boa.

"Neste ano também entraram em cartaz dois filmes de época que você vai gostar muito, 'Orgulho e preconceito' e 'Elizabeth I'.

"'Brokeback Montain'* é um dos filmes mais esperados do ano. A estreia está prevista para cinco de dezembro deste ano. É também o favorito para o Oscar de 2006. Segundo li, é um filme sobre dois homens que vão trabalhar numa montanha para vigiar e proteger ovelhas e acabam se apaixonando um pelo outro.

"O mundo mudou um bocado, Sam. Quando que eu e meus amigos podíamos falar abertamente sobre gays? Nem Hollywood falava tão abertamente como agora. Antigamente só havia passeatas gays em Nova York, hoje há no mundo inteiro.

"Por falar em Nova York, o baque que a cidade sofreu, que o país todo sofreu com o atentado ao World Trade Center ainda repercute pela cidade, pelo país e pelo mundo. É muito triste.

"Acho que as leis de segurança do nosso país são muito frágeis, não só as do nosso país, como as do mundo em geral. Qualquer um pode montar uma base criminosa, estocar armas e munição, que passa despercebida das autoridades. Deveria haver um controle maior de tudo... Uma espécie de monitoramento 24 horas por dia, de tudo. Melhor termos menos privacidade do que falta de segurança. Bom, esta é a minha opinião. Se fosse como

---

*Filme dirigido pelo cineasta taiwanês Ang Lee, adaptado do conto de Annie Proulx. No elenco principal Heath Ledger e Jake Gyllenhaal. (N.A.)

penso, teríamos evitado a tragédia que aconteceu com você, sua mãe e, consequentemente, comigo."

Richard interrompeu o que dizia ao ver a porta do quarto se abrindo devagarzinho. Quando um rapaz, claro, de olhos azuis, pôs a cabeça para dentro, Richard perguntou:

— Pois, não?

Os olhos luminescentes do rapaz se abriram, revelando surpresa por algum motivo.

— Ah! — exclamou, visivelmente sem graça. — Queira me desculpar, enganei-me de quarto.

Richard assentiu com a cabeça, com seu olhar endurecido e triste adquirido nos últimos anos. Assim que a porta se fechou, o médico voltou-se para a mesa, onde havia deixado o bolo de aniversário e exclamou:

— Deus meu! Quase que me esqueço do bolo, *honey*. Comprei o seu favorito, de chocolate.

Richard tirou, com todo cuidado, o bolo todo confeitado, de dentro da embalagem e o mostrou para a filha como se ela pudesse vê-lo.

— Está lindo, não está? Deve estar também delicioso, hum!

As lágrimas transbordaram novamente de seus olhos quando disse:

— Hoje, minha linda, eu vou comer um pedaço do bolo por você, mas logo, logo, logo você vai estar saboreando seu bolo de chocolate favorito novamente, não só ele como a torta de amoras de que tanto gosta, a torta de limão e também as bombas de chocolate... Tudo ao meu lado. É uma promessa, Sam. Eu juro.

"Nós vamos apagar da memória esse período triste da nossa vida, você vai ver, meu amor, seu papai aqui, promete!"

Nisso ouviu-se um toque na porta. Em seguida entrou Helen, uma das enfermeiras que cuidava de Sam desde que ela fora internada ali. Helen era uma negra bonita, de rosto viçoso, voz possante.

— Olá, doutor Richard.
— Olá, Helen, como vai?
— Bem.

Ao notar os balões e os enfeites de aniversário, a mulher abriu um sorriso e comentou, alegre:

— Pelo visto temos festa hoje!

— Sim, Helen. Hoje Sam completa 23 anos de idade.

— Mas que maravilha! Meus parabéns, doutor Richard.

— Obrigado.

Voltando-se para a jovem, em coma, a enfermeira comentou:

— Ela está serena como sempre, não? Parece a Bela Adormecida...

Os olhos de Richard derramaram novas lágrimas. Antes que fosse dominado pelo pranto, procurou se distrair. Cortou um pedaço de bolo e entregou à enfermeira.

— Bolo de chocolate?! — suspirou, Helen. — O meu favorito! Lá se vai o meu regime outra vez!

— Desculpe, eu não sabia que estava de dieta.

— Nós mulheres estamos sempre de dieta, doutor. Não sabia, não?

A mulher riu, e após a primeira garfada, suspirou, novamente:

— Que delícia. Hum... Que divino!

— É o bolo favorito, de chocolate, de Sam.

Voltando-se para a jovem, a enfermeira a parabenizou:

— Meus parabéns, Sam, seu bolo favorito é um desbunde, um escândalo!

Novas lágrimas rolaram pelo rosto de Richard. Helen virou-se para ele e falou:

— Eu admiro o senhor, doutor Richard. Há muito tempo que quero lhe falar e não tinha oportunidade, na verdade, tinha uma certa vergonha para fazer esse elogio, bem... Hoje a coragem está aqui, gritando dentro de mim e, por isso, digo-lhe com todas as letras: admiro muito o senhor, por estar aqui, ao lado da sua filha depois de tudo que passou. Por não ter desistido dela, por continuar alegrando sua vida mesmo estando em coma. O senhor é um homem admirável, um pai admirável. Deve ter sido um marido admirável também.

"Não sei se eu teria tido a mesma força se tudo o que aconteceu com o senhor tivesse acontecido comigo. Acho que não. Não teria suportado, não.

Se bem que dizem que a gente é sempre bem mais forte do que supomos. Sei lá...

"Dizem também que as coisas acontecem para cada um, conforme a força que cada um tem para superá-la. Também não sei dizer se isso é verdade, a única certeza que tenho é de que o senhor é um homem, um pai e um marido admirável. Disso estou certa, mais do que certa."

— Você me deixa encabulado assim, Helen. De qualquer forma, muito obrigado. Não sei se mereço todo esse elogio.

A mulher lançou um novo sorriso bonito para o médico e, esticando o pratinho de plástico na sua direção, pediu, baixinho, quase num cochicho por mais um pedacinho.

O tom dela fez Richard assoviar.

— É pra já, Helen! — exclamou atendendo prontamente o seu pedido.

Helen deu de ombros e disse mais para si mesma do que para Richard.

— Faz tempo que não abuso da gula, por isso posso abusar hoje!

O comentário fez outro sorriso brilhar na face de Richard Johnson. Helen era a única, nos últimos cinco anos que conseguia, com a sua simplicidade fazê-lo sorrir, tornar-se um pouco do homem que fora antes da tragédia.

☙

Enquanto Helen fazia todos os procedimentos diários em Samantha, Richard serviu às enfermeiras que cuidavam daquela ala, um pedacinho do bolo. Quando notou um senhor, sentado na pequena sala de espera que havia ali, foi até lá e serviu-lhe também.

— Não muito obrigado, meu senhor. Tenho diabetes. — agradeceu o homem, com muita polidez.

Richard fez ar de compreensão, estava já de partida quando o senhor lhe perguntou:

— O senhor é o pai da jovem em coma, não é?

Richard voltou para ele e assentiu com a cabeça.

— Soube que faz cinco anos que ela está em coma, é verdade?

Richard tornou a responder que "sim" com um movimento de cabeça.

— Alguém já sugeriu ao senhor a eutanásia?

A resposta de Richard soou rápida e precisa:

— Já.

— O que o senhor acha da ideia?

— Terrível. Ainda tenho esperança de que minha filha desperte do coma.

— Todos os familiares sempre têm. Eu, particularmente, penso que, apesar de haver inúmeras razões para praticar a eutanásia, sinto uma certa repulsa emocional à ideia. É pôr muito poder na mão dos parentes.

Richard concordou com o homem que disse a seguir:

— Se o senhor tiver um momento, pelo menos cinco minutos, vou lhe contar o que li certa vez num livro. Algo que muito me impressionou, tanto que jamais esqueci.

Richard assentiu novamente e sentou-se ao lado do senhor que se pôs a narrar:

— Um homem, padecendo por causa de um câncer sem cura, implorou ao médico que lhe desse algo que pusesse fim, o mais rápido possível, ao seu martírio.

O médico reagiu imediatamente contra a ideia. Apesar de ver o paciente sofrendo daquela forma, saber que seu fim seria ainda mais penoso, recusou-se a atender o pedido. No entanto ficou com aquilo na cabeça, remoendo a todo instante. Sofrendo, imensamente, por ver o homem naquele estado deplorável, o médico acabou optando por uma solução que a seu ver, era a melhor. Numa das visitas colocou umas cápsulas de morfina na mesa, explicando-lhe quantas deveria tomar com segurança e qual dose seria letal. Embora essas pílulas estivessem sob total responsabilidade do paciente e ele, pudesse, tranquilamente, ter tomado uma dose fatal, se quisesse, não o fez.

O senhor olhou para Richard e perguntou:

— É um caso interessante, não?

— Sem dúvida. — concordou Richard. — O que nos mostra que devemos sempre, antes de pensar em eutanásia, pensar no que a pessoa desenganada faria por si mesma naquela condição.

Richard despediu-se do senhor e voltou para o quarto. Diante da filha, ficou a admirar seu semblante, adormecido e sereno. A esperança de vê-la, de volta à vida, ainda gritava dentro dele, incansavelmente e esse dia haveria de existir.

Sob um céu de esperança o tempo seguiu seu curso...

CAPÍTULO 11

2008 – Oito anos depois da tragédia...
Richard Johnson estava no quarto do hospital ocupado pela filha, olhando para ela, imersa naquele coma, que a prendia a cama já há oito anos. Depois de ficar por alguns minutos em silêncio, com os olhos cheios d'água, começou a contar à filha os últimos acontecimentos do mundo.

Quando a língua cansou, Richard, lembrou-se de mostrar o CD de um cantor que havia descoberto recentemente. Para isso, havia levado o seu toca CDs para o quarto.

— Honey, trouxe algo para você ouvir, meu anjo.

Richard era um homem que ainda não havia se adaptado aos *IPod*'s e *IPads*. Já havia sido uma dificuldade para se desprender dos discos de vinil de que tanto gostava, da sua coleção que tanto prezava e se adaptar ao mundo dos CDs. Seria outro sofrimento desapegar-se da geração dos CDs.

Richard olhava de forma suspeita para o avanço da tecnologia, o qual, para ele, era rápido demais, apagando emoções que jamais poderiam ser revividas.

Apertou o *play* e disse:

— Descobri este cantor há pouco tempo, Sam. O nome dele é Josh Groben. Tem uma voz divina, ouça, meu amor.

Quando a voz de Josh Groben ecoou pelo quarto, ainda que num volume baixo, deixou o clima dentro do aposento mais leve. Richard ficou em silêncio, ouvindo, atentamente, canção por canção do CD, deixando-se envolver por elas. Enquanto isso, acariciava a mão da filha.

Entre uma faixa e outra, comentava:

— Ele não é fantástico, Sam? Emociono-me toda vez que o ouço.

A faixa seguinte chamava-se "Caruso", um clássico da música Italiana que na voz de Josh tornava-se algo com o poder de desprender o ser humano da Terra e levá-lo ao Além.

Quando o CD terminou, o inevitável havia acontecido, Richard estava com o rosto todo riscado de lágrimas.

— Não é lindo, filha? Emocionante, não? Se um dia... Quando você sair dessa cama, radiante e feliz como sempre foi, nós iremos ver Josh Groben ao vivo. Eu lhe prometo, Sam.

Nisso alguém tocou na maçaneta da porta do quarto fazendo Richard olhar para lá. A maçaneta girou, devagarzinho, e a porta logo se abriu. Em seguida, entrou um rapaz, por volta dos vinte e poucos anos, alguém cuja idade era difícil de se precisar. Seu rosto era familiar, pensou Richard. Já o havia visto antes, só não se lembrava de onde.

Como Richard estava sentado no canto do quarto que ficava atrás da porta, o estranho não notou de imediato sua presença ali. Aproximou-se da cama, olhando fixamente para Samantha e ali ficou. Richard achou melhor dar uma tossidela para informar ao visitante que ele não estava só com Samantha. O rapaz virou-se para ele como um raio, surpreso e, ao mesmo tempo, chocado por vê-lo ali.

— Quem é você? — perguntou Richard encarando o rapaz, friamente.

— E-eu?!

O jovem se atrapalhou com as palavras, ainda que sem graça, com rosto ligeiramente rubro, foi até Richard, estendeu-lhe a mão, e se apresentou:

— Olá, meu nome é Matthew Palma, mas todo mundo me chama de Matt. Desculpe entrar assim, sem bater, é que pensei que não havia ninguém...

— De onde você conhece a minha filha?

— Ah, então o senhor é o pai dela, muito prazer.

— Você não me respondeu a pergunta.

— Desculpe-me. Eu... bem... Conheço sua filha daqui mesmo, do hospital.

— Samantha nunca frequentou esse hospital antes.

— O senhor não me entendeu, eu... bem... Deixe-me explicar direito, se é que isso é possível. Bem, conheci sua filha, sem querer. Um dia, distraído como sou, desci do elevador no andar errado e entrei neste quarto pensando ser o quarto onde estava internado o meu avô. Foi assim que conheci Samantha. Até, então, não sabia que seu nome era Samantha, tampouco que estava em coma há tanto tempo. Foi uma enfermeira quem me contou depois toda a sua triste história. Desde então, passei a visitá-la. Acho que um amigo, mesmo sem ser amigo de fato, nessas horas é de importância crucial para uma pessoa que se encontra numa situação como a dela. O senhor não acha?

Richard não soube o que responder.

— Eu não sei se fiz certo, não sei se estou fazendo certo em vir aqui, visitar Samantha. Pelo rosto do senhor, acho que não. Perdoe-me, eu só quis ajudar. Desculpe-me.

Diante do silêncio e do cenho fechado de Richard, Matthew Palma deixou o quarto.

Richard estava explodindo por dentro, de raiva e preocupação. Assim que se passaram cinco minutos, partiu do aposento em busca de Helen.

— Helen, posso falar com você um minutinho?

— Sim, senhor. — respondeu a solícita enfermeira.

— Prefiro que seja no quarto.

— Sim, senhor.

A enfermeira seguiu Richard até o aposento e, assim que se fecharam lá dentro, disse:

— Pois não?

Richard, mergulhando as mãos em seus cabelos, num gesto nervoso, soltou a voz. Contou o que havia acabado de presenciar em relação a Matthew e da sua preocupação com aquilo.

111

— Estou, sinceramente, decepcionado com a segurança deste hospital, Helen. Se o rapaz, um estranho praticamente, entra no quarto da minha filha, qualquer um pode entrar, um bandido, um assassino...

— A segurança faz o que pode, doutor Richard. Imperfeições há em todo lugar, o senhor sabe.

— Infelizmente.

— Esse rapaz só entrou nesta ala porque estava com avô internado aqui. Foi sem querer, errou de andar e de quarto. Não acredito que ofereça perigo para Samantha. Ele realmente se importa com ela, com a sua recuperação.

— Ele nem a conhece, Helen.

— Eu sei. É isso que torna tudo mais interessante, não, doutor?

Ele franziu a testa, procurando compreender. Helen foi rápida na explicação:

— Ele não a conhece, nunca conversou com ela, nunca ouviu sua voz, nunca admirou seus olhos abertos e, no entanto, gostou dela, se importa com ela. Acho isso, particularmente, fantástico.

— Eu não confio nesse rapaz, Helen. Por isso não quero mais vê-lo aqui.

— A próxima vez que voltar ao hospital, eu lhe transmitirei suas palavras, doutor.

— Como assim, voltar ao hospital? Você não disse que ele está com o avô internado aqui?

— Estava. O avô já recebeu alta faz tempo. Já faz, se não me engano, três anos.

— Três anos?! Então o que esse rapaz estava fazendo aqui hoje?

A moça suspirou antes de responder.

— Ele visita Samantha, periodicamente, desde que a conheceu, sem querer, há três anos atrás, Dr. Richard.

Os olhos de Richard arregalaram-se de espanto.

— Você está querendo dizer que ele vem ao hospital somente para visitar a minha filha?

— Sim, senhor. Vem pelo menos uma vez por semana, sagradamente. Tive receio de contar para o senhor a respeito dele, achei que não aprovaria.

Mas achei um gesto tão bonito que não pude proibi-lo de visitar sua filha. Quem é que faz algo semelhante no mundo de hoje, doutor? Visitar sagradamente uma pessoa que mal conhece? Poucos, quase ninguém. Por isso permiti suas visitas, porque achei o gesto do moço, formidável. O senhor não acha? Seja sincero comigo.

— Eu nem sei o que dizer, Helen, estou deveras espantado.

— É de se espantar mesmo, doutor. Sempre ouvi dizer que Deus nunca nos deixa sós, não importa a circunstância em que nos encontramos, hoje estou mais do que certa de que isso é a mais pura verdade.

— Acho que me precipitei em mandar o rapaz embora, não?

— Ele deve voltar, doutor.

— Será?

— Deus queira que sim. Pelo bem de Samantha, pelo bem dele.

Richard voltou para a casa pensando em Matthew, no modo surpreendente que ele conheceu Samantha, e, no carinho, que dispensou a ela nos últimos três anos. Fora um encontro surpreendente. Realmente fascinante.

Nos meses que se seguiram, Richard Johnson nunca mais se encontrou com Matthew Palma. Quando indagada sobre ele, Helen contou que o moço, desde que Richard o havia expulsado do quarto, nunca mais voltou ao hospital.

Richard quis saber seu endereço, porém, Helen não pôde ajudá-lo, com tantos pacientes entrando e saindo, era difícil guardar nomes e sobrenomes. Ela era boa para guardar fisionomia, com nomes sempre fora péssima.

Mas Matthew Palma continuou visitando Samantha, sim, pelo menos um dia na semana, só que bem cedo, quando Richard e Helen não estavam presentes. Por isso, Helen achou que ele nunca mais havia aparecido por lá.

❧

Dias depois, por volta das três da manhã, Richard novamente sonhou com o bandido que invadira sua casa e atirara em Geórgia e Samantha. Novamente ele se via correndo atrás dele, pelas ruas da cidade. Corria como uma lebre afoita, desviando dos carros, saltando muitos deles, fazendo uns chocarem-se com os outros, deixando o trânsito caótico.

Quando se via a menos de um metro do assaltante encapuzado, ele esticava a mão para agarrá-lo. Contudo, era nessa hora que o bandido empunha ainda mais força às pernas e conseguia se distanciar dele.

Seguia-se assim uma caçada acirrada que sempre chegava ao fim com Richard saltando sobre o fora da lei, levando-o ao chão e rolando com ele pelo asfalto. Louco para esmurrá-lo, arrancar-lhe sangue, até mesmo a vida.

Louco também para desmascará-lo, todavia, toda vez que ele arrancava-lhe a meia preta que escondia sua face, ela nunca lhe era revelada porque Richard acordava gritando. Assim, a identidade do marginal continuava um mistério.

Richard acordava transpirando e arquejando como se, de fato, tivesse ocorrido no mundo real. Ele, então, tomava um copo d'água para relaxar e voltava para a cama, prometendo a si mesmo, custasse o que custasse, apanhar o desalmado que fizera aquilo com a esposa e a filha, nem que fosse a última coisa que fizesse na vida.

CAPÍTULO 12

2010 – 10 anos depois da tragédia

A primavera se abria em flor. Flores de todas as cores, amarelas, brancas, rosadas, alaranjadas... O verde das folhas tornava-se mais verde, a vida parecia renascer em todos os sentidos.

Haviam se passado dez anos desde que Samantha havia caído em profundo coma. Ela estava só no quarto que tornou sua morada naqueles últimos dez anos quando abriu os olhos, que se revelaram inteiramente fora de foco, dificultando descobrir onde estava. A pouca claridade do quarto só servia para complicar a situação.

Suas pálpebras novamente se fecharam e permaneceram assim por quase um minuto. Quando os olhos se reabriram, Samantha olhou em torno e pôde orientar-se com maior segurança. Estava numa cama, uma dessas camas de hospital, altas e limpas. Do tipo que sobe e desce e gira em todas as direções, percebeu.

Por que havia ido parar num hospital? Por mais que tentasse não conseguia descobrir a razão. Tentou puxar pela memória, mas nada podia recordar com precisão.

Tudo o que se lembrava era do seu baile de formatura, dançando "My Heart Will Go On" com Daniel, nada mais. Lembrava-se também das promessas de amor que um fez para o outro naquela noite. Promessas que tanto ela quanto ele não viam a hora de cumprir.

A porta do quarto se abriu interrompendo o fluxo do pensamento de Samantha. Logo, Helen se prostrou ao pé da cama. Ao perceber que a paciente estava de olhos abertos, a mulher abriu a boca, surpresa e comovida pela descoberta. Aproximou-se de Samantha e perguntou:

— Você pode me ouvir, doçura?

Samantha Johnson moveu ligeiramente a cabeça em aprovação.

A enfermeira pareceu aliviada.

— Deus seja louvado! — exclamou, juntando as mãos em louvor. — Isso é um milagre!

Helen tentou não chorar, diante da forte emoção que a descoberta lhe provocou, mas não conseguiu, seus olhos logo se romperam em lágrimas.

— Que bom, meu anjo. Que bom que você despertou. Deus existe. Deus existe!

Samantha olhava para a mulher sem muito compreender. Helen disse a seguir:

— Seu pai precisa saber de sua melhora. Agora, urgentemente!

Sem delongas, a enfermeira tocou a campainha que ficava próxima à cabeceira da cama para chamar uma outra enfermeira. Em questão de segundos, a porta do quarto se abriu e Dinah, uma enfermeira ruiva, entrou.

— Você me chamou, Helen?

Ao ver os olhos vermelhos e lacrimejantes da colega de trabalho, Dinah baixou os olhos e com pesar, disse:

— O pior então aconteceu. Pobrezinha, que ela descanse em paz.

— Não, Dinah! — exaltou-se Helen, aflita. — O melhor aconteceu! Ela recobrou a consciência, veja!

A ruiva ficou maravilhada ao avistar Samantha de olhos abertos. Deixou o quarto no mesmo instante em busca das colegas para lhes contar a grande novidade. Logo o quarto estava cheio de enfermeiras. O médico chegou a seguir e pediu, gentilmente, que todos deixassem o quarto. Restaram ali apenas ele e a enfermeira, Helen Adams.

Enquanto isso, no corredor, Dinah dizia para as amigas:

— Alguém tem de ligar para o pai da jovem.

— Eu ligo. — prontificou-se Laura.

Meio minuto depois, o telefone tocava na casa de Richard Johnson. Foi ele mesmo quem atendeu a ligação.

— Alô, sim, é ele, quem fala?

— Doutor Richard — gaguejou Laura. — Um milagre aconteceu! O que o senhor tanto esperava aconteceu!

— O que foi? — exaltou-se Richard.

— Sua filha, meu senhor. Sua filha despertou do coma!

O telefone escapou da mão de Richard, no exato momento em que um grito de vitória e radiante felicidade extravasou de seu peito. Rosaria correu até a sala para ver se ele estava bem.

— Minha filha, Rosaria! — disse ele, eufórico, para a mexicana. — Minha filha recobrou a consciência.

A mulher juntou as mãos em sinal de louvor e, voltando os olhos para o teto, disse:

— *Dios mio,* que bênção, meu senhor!

Richard correu para o quarto, calçou o sapato, depois apanhou a carteira e correu para a garagem. Estava tão emocionado que demorou para conseguir pôr a chave no contato. Depois partiu, rangendo os pneus.

— Minha filha voltou! — dizia ele, em voz alta, entre risos e lágrimas. — Samantha voltou para mim! Finalmente!

Se perguntassem para Richard o que se passou durante o trajeto de sua casa até o hospital, ele não saberia dizer. Tampouco notou onde parou o carro no estacionamento. Saltou do veículo, sem sequer trancá-lo e seguiu correndo para o interior do hospital.

Atravessou como um raio os aposentos até chegar a ala onde Samantha estava internada. Ao avistar Helen, parou diante dela e perguntou:

— É verdade mesmo, Helen?

— Sim, doutor Richard, é a mais pura verdade. Sam recobrou a consciência.

— Que maravilha...

O homem dirigia-se para o quarto quando a enfermeira chamou por ele.

— Doutor Richard, é melhor o senhor tomar um calmante.

— Eu já vivo a base deles, Helen, não se preocupe.

A mulher fez ar de quem diz "se assim é...". A voz de Richard soou empolgada a seguir:

— Deixe-me ver minha filha, agora, Helen! Espero por isso há dez anos. Dez longos anos...

— Vá, doutor.

O médico ia deixando o quarto quando Richard tocou a maçaneta.

— Olá, Richard. — disse ele, com alegria e emoção na voz.

— Olá, Jacob.

— Sei o que significa esse momento para você, Richard. Mas vá com calma. Lembre-se de que Samantha acabou de despertar de um coma de 10 anos. Sua mente pode estar embaralhada, emoção demais pode deixá-la confusa, até mesmo perturbada. Ela precisará de um acompanhamento psicológico...

— Jacob.

O homem olhou diferente para Richard diante do tom que ele usou para dizer seu nome.

— Você se esqueceu que sou um médico? Não ensine o Padre Nosso ao vigário. Posso estar afastado de minhas funções há anos, mais ainda sei muito bem quais são os deveres de um médico. Agora, por favor, deixe-me ver minha filha.

Jacob Shadday sorriu, sem graça e deu passagem para Richard entrar no quarto, o que ele fez, com muito cuidado, bem devagarzinho. Parou estático, ao avistar a filha, de olhos abertos, voltados para o teto. Sua boca se abriu e fechou. Imóvel, apenas seus olhos pareciam ter vida. As palavras lhe faltavam, os lábios, o queixo, o corpo todo tremia. Fungou quase que imperceptivelmente.

— Sam... — foi tudo o que conseguiu dizer.

Houve leve mudança no rosto da moça quando ela avistou o pai. Quando seus olhos encontraram-se com os dele, ela tentou encontrar um sorriso para lhe dar.

— Papai. — foi tudo o que conseguiu dizer.

Um espasmo de dor convulsionou o rosto de Richard. Um misto de dor e alegria. Uma emoção inexplicável. Parecendo voltar de muito longe, decidido a não demonstrar qualquer emoção, aproximou-se da cama e falou, baixinho, quase num sussurro:

— Olá, Sam...

— Papai... — respondeu a jovem com voz enfraquecida.

O pai mordeu os lábios. Levou quase um minuto até que dissesse:

— Como você está, querida?

Sua fala era quase ininteligível. Respirando profunda e estertorantemente, o pai pegou a mão direita da filha e ficou acariciando.

Samantha continuava olhando para o pai, levemente chocada com sua fisionomia tensa e contorcida.

Nisso a porta se abriu e Helen Adams entrou. Trazia um sorriso bonito nos seus lábios carnudos, um sorriso que se apagou ao ver o estado em que Richard Johnson se encontrava.

— Doutor Richard. — disse a negra, com delicadeza e precisão.

Richard não a ouviu. Continuava a dizer, repetidas vezes:

— Oh, filha, querida, amada...

Helen foi incisiva ao dizer:

— Dr. Richard, o senhor precisa se acalmar.

A enfermeira pôs a mão no braço do médico e o conduziu, gentilmente, para fora do quarto. Ele chorava agora convulsivamente, em total descontrole.

— Sente-se aqui, doutor. Vamos.

— Minha filha... — dizia Richard, estendendo a mão na direção do quarto.

— Ela ficará bem, doutor.

— Preciso estar com ela.

— Antes o senhor precisa se acalmar. Vamos, tome este tranquilizante. Sua filha acabou de despertar de um coma de dez anos. Não é bom que ela o veja nessas condições, com a emoção à flor da pele.

— Você tem razão, Helen. Toda razão.

— Que bom que o senhor concorda comigo.

— É que foi emoção demais, Helen. Esperei dez anos por isso... Dez longos anos... Anos que me pareceram décadas.

— O importante é que sua filha despertou, doutor. E continua precisando do senhor, agora, mais do que nunca.

As palavras de Helen fizeram Richard Johnson aprumar o corpo, erguer a cabeça e secar as lágrimas. Parecia novamente um homem emocionalmente equilibrado. Todavia, os olhos, esbugalhados e alerta, desmentiam o rosto sorridente e confiante.

— Prometo que vou me comportar diante de Sam, Helen.

— Está bem...

— Helen?

— Sim, doutor.

— Muito obrigado, mesmo, por tudo que fez por minha filha e por mim nestes dez anos.

— Não há de que, doutor. Cumpri apenas a minha obrigação.

Nos minutos seguintes, sentindo-se mais calmo, Richard reassumiu seu lugar junto à cama onde Samantha permanecia. Quando seus olhos se encontraram novamente com os da filha, ele sorriu e disse:

— Como vai, *honey*?

— B-bem... E o meu papai, como vai?

— Bem também, filha. Agora melhor do que nunca!

A voz dele vacilou um pouco. Diante do vacilo, ele limpou a garganta e endireitou o corpo. Voltou a sorrir...

A pergunta de Samantha, a seguir, era inevitável. Ainda assim, Richard não estava preparado para respondê-la como pensou que estaria.

— *Cadê* a mamãe, papai, por que ela não está aqui com o senhor?

Richard procurou se manter natural diante da pergunta, disfarçando o abalo que ela lhe causara.

— Sua mãe... — respondeu, forçando um sorriso. — Sua mãe está viajando, Sam. Foi visitar a irmã no Colorado. Não queria, mas eu insisti, ela precisava relaxar um pouco, respirar outros ares e, nada como uma viagem, para reativar as energias, não?

— O senhor tem razão. Fez bem, muito bem em insistir para que ela fosse.

— Não quero ligar para ela, por enquanto, informando sobre a sua recuperação senão vou acabar estragando seus planos de viagem. Não faz nem dois dias que ela viajou...

— Isso mesmo, papai. Deixe ela aproveitar a viagem um bocado, depois o senhor lhe conta a meu respeito.

Ele esperou que ela dissesse mais alguma coisa, mas ela se manteve em silêncio. Levou quase dois minutos, até que perguntasse:

— Há quanto tempo estou aqui, papai?

Deveria ou não lhe dizer a verdade?, questionou-se Richard. Por fim, achou melhor desconversar.

— Oh, filha, como me alegro em vê-la, outra vez, conversando comigo.

— O senhor não me respondeu, papai. Há quanto tempo estou aqui?

O pai tentou desconversar mais uma vez, mas Samantha não permitiu.

— Papai. Responda-me. Há quanto tempo estou aqui?

— Há dez... — respondeu Richard, enfim, com uma sombra de inquietação em seu rosto.

— Dez dias?! É mesmo?

— Não, filha, há dez...

Ela novamente interrompeu o pai.

— Dez semanas?

A expressão no rosto de Richard fez Samantha perceber que errara novamente na sua dedução.

— Dez meses?! — arriscou ela mais uma vez, denotando espanto. — Não pode ser... Não posso acreditar que fiquei desacordada por dez meses. Para mim parece que não passou sequer um dia.

— Samantha. — disse Richard, seriamente. — Você ficou em coma, filha, por dez anos.

Os lábios de Samantha tremeram ligeiramente. Ela queria se expressar, mas as palavras fugiam.

— É isso mesmo, minha querida, você ficou internada aqui neste hospital por dez anos, precisamente nove anos e sete meses.

— Não pode ser...

— Mas foi.

— Mal posso acreditar. É tempo demais...

— Quando você chegou aqui você tinha 18 anos e 35 dias completos. Hoje você está com quase vinte e oito anos completos. É meados de junho de 2010. É quase verão.*

— Não posso ter ficado uma década, inconsciente.

— Ficou filha. E nesse tempo todo eu estive aqui ao seu lado.

Após breve reflexão, Samantha comentou:

— O mundo deve ter mudado um bocado nesse período, não?

— Sim, filha. Principalmente em termos tecnológicos. O homem continua a mesma besta de sempre. Louco pelo poder, capaz de tudo para conquistá-lo. Matando o semelhante sem ter consideração alguma por ele, pensando só no seu próprio umbigo, alimentando o seu ego.

— Ainda bem que há nós, papai. Eu, você e mamãe neste mundo, que cultivamos outros valores. Seria egocentrismo demais dizer que só há nós, existem, com certeza, muitas outras pessoas no mundo com valores tão bons quanto os nossos.

Richard, hipnotizado por aquelas palavras de otimismo, afagou os cabelos da filha, um afago que fez Samantha recordar a infância querida.

Os dois ficaram em silêncio, por um momento, um silêncio abençoado, só então Samantha perguntou:

— Papai. E quanto a Daniel?

Essa pergunta, Richard também sabia que seria inevitável. Que cedo ou tarde, ela a faria. No entanto, ainda não sabia o que responder.

— Fale-me dele, papai.

— Filha...

— Sim, papai...

— Ele está no exterior fazendo um curso.

— Daniel?

---

*Lembrando o leitor que a história se passa em San Francisco, Estados Unidos e lá o verão começa quando começa o inverno no Brasil. (N. A.)

— Sim, querida.

— Que espécie de curso?

— Isso eu não sei dizer ao certo. Quando ele voltar, você pergunta.

Um sorriso iluminou a face da jovem.

— Tem razão, vou aguardar ansiosamente por esse momento.

Nisso, Helen entrou no quarto.

— Vim ver como vocês estão passando.

Richard abriu-se num sorriso e respondeu, entusiasmado:

— Muito bem, Helen! Muito bem.

Voltando-se para a filha, o pai comentou:

— Filha, esta é Helen Adams, a enfermeira que cuidou de você, praticamente, 24 horas por dia nestes quase dez anos em que você esteve em coma.

— Não exagere, doutor Richard. — atalhou Helen. — Foi um trabalho em conjunto, Samantha foi assistida e cuidada por todas as enfermeiras desta ala do hospital.

— Mas você teve sempre por ela um carinho especial.

— Isso é verdade.

Samantha e Helen se olharam, cada qual tomada por uma emoção.

— Obrigada. — agradeceu Samantha.

Helen pegou a mão da moça, apertou-a carinhosamente e disse:

— Não há de que, minha linda.

Segurando-se para não chorar, a enfermeira comentou:

— Não sabe o quanto me alegra vê-la assim, Samantha, consciente novamente. Todas nós, enfermeiras desta ala, torcemos muito por você, muito mesmo, acredite!

Samantha sorriu.

A seguir, o Dr. Jacob Shadday, o médico responsável por Samantha voltou ao quarto para rever sua paciente. Enquanto fazia novos exames, falava animadamente com Richard. Estava convencido de que a recuperação de Samantha era um milagre, ele próprio, há muito tempo duvidava que ela despertaria do coma.

— Quando poderemos ir para casa, doutor? — quis saber Richard, ansioso por tirar a filha dali.

— Logo, Richard. Sei que está ansioso para tirá-la daqui, mas tenha só um pouquinho mais de paciência.

— Paciência, Jacob, é algo que aprendi a ter, nesses últimos dez anos, mais do que ninguém.

Jacob não contestou. Sabia o quanto aquilo era a mais pura verdade.

OBS: O tempo necessário para Samantha readaptar-se ao mundo após ter despertado do coma de quase dez anos foi aqui condensado para uma melhor compreensão do texto por parte do leitor e para abreviar a história. (N.A.)

CAPÍTULO 13

O dia de Samantha deixar o hospital finalmente chegou. Por ter ficado deitada por todos aqueles anos, ela foi submetida a inúmeras sessões de fisioterapia para poder voltar a se equilibrar sobre as pernas com a mesma naturalidade de antes. Por isso, Richard a levou para casa numa cadeira de rodas, onde continuaria o tratamento.

Ao deixar o quarto do hospital, Samantha encontrou todas as enfermeiras da ala onde estivera internada, aguardando por ela ao longo do corredor. Estavam também funcionários da limpeza e médicos. Uma salva de palmas soou assim que todos a viram tomando o corredor. Era um aplauso merecido, em homenagem a sua recuperação. A vitória de ter sobrevivido à tragédia que a prendeu àquela situação por quase dez anos completos.

Não houve quem não se emocionasse diante do acontecimento. Até mesmo os médicos, com panca de durão, verteram lágrimas.

Quando Richard e Samantha ganharam o ar, Samantha inspirou o ar, sorriu e disse:

— Ar puro, que maravilha...

Ao ver o jardim florindo, Samantha comentou:

— A primavera deixa tudo realmente mais bonito, não papai?

— Sim, filha. Todas as flores se abriram para saudá-la.

— Não diga isso, papai, quem sou eu para receber tamanha dádiva?

Assim que Richard ajeitou a filha no carro, ele voltou os olhos para o hospital, que visitou diariamente durante aqueles longos anos de agonia. Num tom vitorioso, disse para si mesmo:

— Acabou a agonia! Chega de sofrer!

Entrou no carro, sorriu para a filha, ligou o motor, depois o rádio e partiu.

A FM tocava naquele momento uma canção de Madonna que Samantha jamais havia ouvido: "Beat goes on". Parte da letra dizia: "Não há mais tempo a perder, é hora de celebrar!"*

— Por mais que saiba que eu tenha ficado dez anos em coma, para mim foi como se eu tivesse ficado apenas um dia, no máximo uma semana. Acho que nunca vou me acostumar ao fato.

A certa altura do trajeto, Richard perguntou:

— Nota alguma mudança na cidade?

— Assim, de cara, não, papai. Tudo me parece o mesmo.

— Assim que você terminar a sessões de fisioterapia eu e você vamos viajar...

— Eu, você, a mamãe e o Daniel, se não se importar? — corrigiu a filha, rapidamente.

— S-sim. — gaguejou Richard, sem graça. — É lógico, eu quis dizer todos nós.

A chegada à casa onde Samantha cresceu foi outro momento emocionante, tanto para a jovem quanto para o pai. Rosaria recebeu a moça, com grande alegria.

— *Dios mio,* seja bem-vinda, filha!

— Como vai, Rosária?

Rosária beijou a jovem na testa e argumentou:

— Eu disse a seu pai que quando esse momento chegasse eu não iria chorar, iria apenas sorrir, de alegria... Mas...

A simpática e calorosa mexicana não terminou a frase, deixou a sala, correndo para cozinha, para chorar escondido, longe dos olhos do patrão e da patroazinha. Richard, então, falou:

---
*Composição de Madonna / Pharrell Williams / Kanye West. Tradução livre do autor.

— Seja novamente bem-vinda à sua casa, filha!

Samantha passeou os olhos pelo ambiente por um momento e disse:

— Aquela foto da mamãe, ali não havia antes.

— Eu sempre achei a foto tão bonita, sua mãe está tão fotogênica que assim que encontrei o negativo pedi para fazer uma ampliação.

— Você tem razão, papai, a mamãe está realmente muito fotogênica.

— Está, não está?

— Quando é mesmo que a mamãe volta do Colorado, da casa da tia Hanna?

— S-sua mãe não me disse exatamente quando, *honey...*

— Podemos ligar para ela, não?

— Ah, sim, podemos... Ou melhor, não podemos, não enquanto ela não voltar do cruzeiro que está fazendo com sua tia.

— Cruzeiro, a mamãe?! Sem o senhor?!

Nisso ouviu-se um toque na porta. Era Jennifer Hebel.

— Olá, Richard. Assim que avistei você, chegando com a Samantha, não pude deixar de vir aqui dar um beijo nela, de boas-vindas.

— Entre, Jennifer, fique à vontade. — alegrou-se Richard, escancarando a porta.

Samantha recebeu Jennifer com um lindo sorriso. A mulher curvou-se sobre ela e a beijou.

— Você, Samantha, é uma moça vitoriosa. Saiba que todos nós torcemos muito por sua recuperação.

— Obrigada, Jennifer. E Peter e Jake? Como estão eles?

— Bem. Moços como você.

Nisso Rosária voltou à sala.

— *Buenos dias,* dona Jennifer. — cumprimentou a mulher, ligeiramente esbaforida. — *Buenos dias, no, sorry, buenas tardes!*

— Boa tarde, Rosária, como vai?

— Como se diz na América: *Marvelous!*

Todos riram.

Richard voltou-se para a simpática mexicana e pediu:

— Você pode levar a Samantha para o quarto dela, Rosária?

— Sim, senhor.

— Se precisarem de mim, para ajudar no banho, qualquer coisa, não hesitem em me chamar. — ofereceu-se Jennifer.

— Acho que vou aceitar sua ajuda, Jennifer. — respondeu Richard em meio a um sorriso.

— Por favor. — reforçou a mulher. — Estou à disposição de vocês.

— Agradeço por antecipação.

As palavras de Samantha, a seguir, causaram grande surpresa em Rosária e Jennifer.

— Espero estar totalmente recuperada quando a mamãe voltar da viagem.

Richard fez um sinal discreto para as duas mulheres e falou:

— Certamente, querida. Quando sua mãe voltar você vai estar se sentindo novinha em folha.

Assim que a filha foi levada por Rosária, o semblante de Richard mudou, o de Jennifer Hebel também.

— Eu não deveria me intrometer na sua vida, Richard — disse ela, seriamente —, nem tenho esse direito, mas... Você precisa contar a Sam a verdade sobre a mãe dela.

— Não posso, Jennifer, não por enquanto. A pobrezinha sofreu tantos baques depois de ter recobrado a consciência, tenho receio de que ela não se segure diante de mais este. A morte da mãe vai ser um tremendo choque para ela.

— Logo ela começará a suspeitar, Richard, vai achar estranho a demora da mãe, pode se revoltar com você por ter mentido.

Richard, agoniado, comentou:

— Pensei que uma vez que Sam recobrasse a consciência, meus problemas e os dela haviam acabado, mas vejo agora que não.

— Quer um conselho? — completou Jennifer. — Não permita que o que você chama de "problema" se torne maior do que realmente é. A verdade vai doer muito em Samantha, Richard, com certeza, mas se ela foi forte o suficiente para superar o coma, será também para superar a perda da mãe.

— E do noivo.

— E também do noivo. A propósito, ele, digo, o ex-noivo, já sabe que ela...

— De que adianta ele saber, Jennifer, se o desgraçado se casou com outra? Aquele canalha não deve sequer se lembrar que Samantha existe. É bom mesmo que não se lembre, porque eu quero Samantha milhas e milhas de distância desse sujeito.

— Acho que nesse ponto você está certo, Richard. Será melhor mesmo para ela se distanciar dele.

※

Para aquela noite, Rosária preparou um jantar muito especial, com dois pratos favoritos de Samantha. Para deixar o clima ainda mais aconchegante, Richard quis que o jantar fosse à luz de velas.

Para tocar de fundo, numa altura confortável para se manter uma conversa sem precisar elevar a voz, ele colocou um CD de Kenny G.

Rosária sentou-se à mesa com eles para jantar, por exigência de Richard. A eficiente mexicana não quis a princípio, mas acabou cedendo diante da insistência do patrão.

De sobremesa havia torta de limão, uma das sobremesas favoritas de Samantha, que saboreou a torta, aos suspiros:

— Que delícia!

— Fui eu mesma que fiz. — orgulhou-se Rosária.

— Rosária, o jantar estava simplesmente divino. As sobremesas, então, nem se fale... Você como sempre arrasou. — elogiou Samantha.

— *Muchas gracias.*

Richard também cobriu a mulher de elogios, o que só serviu para deixá-la ainda mais orgulhosa de seu trabalho e vermelha de vergonha.

— O que é bom tem de ser elogiado. — completou Richard tirando mais um pedaço de torta da caçarola.

Naquela noite, quando restaram somente Richard e Samantha na casa, os dois foram para a sala de estar, onde Richard começou a pôr a filha a par dos acontecimentos que marcaram os últimos dez anos do planeta.

Richard parou de falar assim que percebeu que a filha olhava para ele com outros olhos. Seu olhar o deixou sem graça.

— O que foi? — perguntou com os olhos a ir e vir dos dela.

— O senhor está escondendo alguma coisa de mim, não é mesmo, papai?

— Eu?! — dramatizou Richard. — Vê lá...

— Está sim, eu sinto.

Richard baixou os olhos, sem graça e tentou desconversar. Mas Samantha não permitiu. Disse, com autoridade:

— Não me esconda nada, papai, por favor, ponha-me a par de tudo.

— Ora, Samantha...

De repente, a alegria forçada de Richard foi minguando, seu rosto foi empalidecendo, a tristeza tomou conta dos seus olhos. Subitamente, ele explodiu numa crise de choro. Samantha olhava para o pai consternada, sem saber se ele chorava de emoção ou de tristeza.

— Desculpe-me, filha, eu não queria chorar.

— Calma, papai.

— É tão maravilhoso ter você aqui, de volta, conversando comigo, olhos nos olhos...

— Se eu tivesse consciência dos dez anos que nos separaram eu sentiria o mesmo que você está sentindo, papai.

— Choro de alegria, Sam, mas também choro de tristeza. Alegria por você ter despertado do coma, ter voltado à vida e tristeza por....

Ele não conseguiu completar a frase.

Samantha procurou encorajá-lo com os olhos, mas, ainda assim, Richard não conseguia ir adiante. Então, ela captou o que tanto agonizava o pai.

— É sobre a mamãe, não é? É algo sobre ela que o senhor não consegue me dizer, não é mesmo? Se ela não está com tia Hanna onde está?

O pai não conseguiu responder-lhe. Não foi preciso resposta, seu silêncio disse bem mais que palavras. As pálpebras de Samantha baixaram, enquanto ela engolia em seco.

— Quando foi que ela morreu, papai? — perguntou a moça, enfim, esforçando-se para manter a calma.

Richard, com voz trepidante, respondeu:

— Horas depois do assalto. Ela, assim como você, também foi baleada. Os médicos fizeram de tudo para salvá-la, Sam, de tudo, mas... Eu quis morrer naquele dia, Sam. Só me segurei por sua causa, filha. Somente por você.

— Quer dizer então que a mamãe já está morta há dez anos?

— Sim, querida.

— Inacreditável.

O ar de pesar pela perda da mãe envelhecera drasticamente o rosto da moça de quase 28 anos completos. Richard, choroso, comentou:

— Se tivesse havido um meio de eu ocultar de você essa triste realidade, saiba, filha, que eu teria feito. Para poupá-la de mais esse baque. De mais esse choque com a realidade. Você já sofreu demais, Sam. Demais... minha querida!

Diante do estado da filha, Richard ajoelhou-se diante dela, pegou em seu braço e disse, chorando:

— Sua mãe amava você, Sam. Muito!

Samantha, também, entre lágrimas, respondeu:

— Eu também a amava, papai. Muito!

Pai e filha ficaram em silêncio nos cinco minutos seguintes. As lágrimas continuavam, insopitáveis. Richard, então, desabafou:

— Faz dez anos que visito o cemitério onde sua mãe foi enterrada, Sam. Visito, pelo menos uma vez por semana, a lápide dela nunca ficou um dia, sequer, sem uma flor para enfeitá-la e alegrá-la.

— Papai, você acredita que ela possa estar viva em algum lugar, do outro lado da vida?

— Eu queria tanto acreditar nisso, filha, mas...

— Eu prefiro acreditar que sim, papai. Pois isso me conforta.

Ele sentiu o nó na garganta se apertar ainda mais.

— Ela não sofreu antes de morrer, sofreu?

— Não filha, foi uma morte serena. Eu estava lá. Segurando sua mão, falando com ela. Pouco antes de ela falecer ela me disse, de um modo muito sereno e apaixonado: "Eu o amo..."

— O amor de vocês foi tão lindo...

— E o melhor de todo o nosso amor foi você, Samantha. Você foi o fruto mais lindo de tudo que eu e sua mãe conquistamos juntos.

Houve uma nova pausa, em que o silêncio reinou por dois, três minutos. Então, Samantha enxugou os olhos, respirou fundo, voltou a encarar o pai e perguntou:

— O que mais você está escondendo de mim, papai?

— Mais nada filha. Eu juro.

— E quanto ao seu trabalho no hospital, como vai?

— Eu me afastei do hospital.

— Afastou-se?!

— Sim. Há nove anos. Não consegui mais trabalhar lá, Sam. Foi por culpa da minha profissão que você e sua mãe sofreram o que sofreram. Talvez você não se recorde, mas foi por causa de uma chamada de urgência do hospital que fui obrigado a deixar você e sua mãe sozinhas em casa naquela noite. Se eu não tivesse atendido a chamada nada de trágico teria acontecido a vocês duas.

— Foi um acaso, papai.

— Não! Se eu não fosse médico, a tragédia não teria acontecido.

— O senhor amava a sua profissão. O senhor deu grande parte da sua vida por ela.

— A medicina destruiu a minha vida, Sam. Se eu não fosse médico tudo teria sido diferente, teria ficado com vocês duas, teria enfrentado o ladrão, nenhum tiro teria sido disparado. Sua mãe estaria viva, aqui, ao nosso lado, agora. Você não teria ficado em coma por quase dez anos. Hoje eu abomino a medicina.

— O que o senhor poderia ter feito, papai, contra um bandido com uma arma na mão?!

— Não sei, nunca pensei nisso. Mas eu, certamente, teria feito algo para proteger você e sua mãe.

— O rapaz estava descontrolado, papai. Certamente *cheirado*[*]. Teria atirado no senhor ao invés de nós ou em todos nós.

---

[*]Expressão usada para descrever pessoas sob o efeito da cocaína. (N. A.)

— Ainda assim...

— Ainda assim, papai, a vida não é um filme em que podemos assistir uma cena e se não gostamos dela, retrocedemos e a fazemos do modo que achamos mais adequado. Se fosse assim...

— A vida seria bem melhor.

— Seria, mas não é. Temos de aceitar o destino, é só o que nos resta. Aceitar e aceitar...

— Aceitar?! — atalhou Richard, com voz exaltada.

— Eu jamais vou aceitar uma coisa dessas. Jamais! Você me surpreende, Samantha. Depois de tudo o que passou você se mostra tão conformada com tudo... Dentro de mim só existe ódio, rancor e ressentimento. E um forte desejo de vingança.

— Vingança?!

— Sim. Jurei a mim mesmo que me vingaria de todos que contribuiram de uma forma direta ou indireta para a tragédia de nossas vidas. Todos haveriam de pagar pelo que fizeram contra você, sua mãe e, consequentemente contra mim. Peterson Medina, um colega de trabalho, já *teve* o dele.

"Peterson, na época era um viciado em cocaína. Naquela noite, em especial, era ele quem estava de plantão com a sua equipe, mas o demônio estava tão *trincado**, como se diz na gíria, que a equipe se viu obrigada a afastá-lo da cirurgia e me chamar. Se Peterson não fosse um drogado irresponsável, Sam, nada de mal nos teria acontecido.

"Eu o denunciei à direção do hospital e ao conselho de medicina. Ele perdeu o diploma, sua vida virou do avesso desde então, teve que recomeçar do zero. A última vez que soube dele, estava trabalhando com um dos filhos num lava-rápido. Ele teve o que merecia.

"Vinguei-me também da tal paciente, a idosa, que teve de ser operada aquela noite e, por causa disso, fui chamado, espero é que a essa hora ela já esteja morta, há muito tempo."

— Papai!...

— É verdade, filha. Ela era uma velha, sua mãe, uma jovem que tinha a vida toda pela frente. Que morresse a velha, não sua mãe. Certo dia,

---
*Expressão usada para descrever quem ingeriu drogas. (N. A.)

encontrei por acaso, a filha dela e lhe disse tudo o que pensava. Ela me olhou horrorizada... Queria que ela contasse a mãe, tudo o que lhe disse, para que ela sofresse pelo que, indiretamente, fez a mim e, consequentemente, a você e sua mãe. Para que ela sentisse na própria pele a dor dos danos que nos causou.

— Papai...

— Ainda que viesse até mim pedir-me perdão, eu não lhe perdoaria e ainda lhe diria umas poucas e boas.

Richard continuou, sem pausa:

— Resta ainda o demônio que assaltou esta casa e atirou em você e em sua mãe. Só falta eu acertar as contas com ele. Eu ainda vou encontrá-lo, Sam. Vou sim, nem que seja a última coisa que eu faça nesta vida. E quando encontrá-lo, vou dar-lhe o que merece.

— Se o senhor fizer alguma coisa de grave com aquele jovem, o senhor poderá ser preso...

— Jovem? Você disse jovem? Por quê? O assaltante era um jovem? Você viu sua face?

Samantha se viu ligeiramente perturbada, mas procurou ser rápida e precisa na resposta:

— Eu disse jovem por dizer, papai. Eu, sinceramente, não prestei muita atenção a ele. Lembro-me de tudo muito vagamente. Nem quero me lembrar.

— Mas você precisa se lembrar, filha. Para descrever a fisionomia daquele monstro para a polícia para que possam fazer um retrato falado dele e, assim, localizá-lo.

— Papai, isso já faz tantos anos... Ele já pode ter sido preso por causa de um outro roubo. Pode até mesmo já estar morto.

— Quero ter a certeza do que aconteceu àquele desgraçado.

— Calma, papai.

— Um monstro desses não pode ficar impune, Samantha. Não pode!

— Abrande o seu coração, papai, por favor.

Richard procurou se controlar, ajoelhou-se novamente junto à cadeira, tomou as mãos da filha e disse:

— O que me prendeu a vida foi você, filha. Depois da tragédia não me restou mais nada que me fizesse ter interesse pela vida senão você. Eu a amo, Samantha, amo muito.

Samantha não conseguiu se segurar, chorou, novamente, emocionada.

— Oh, papai, você não existe. — desabafou, entre lágrimas. — Eu o amo tanto!

— Você ainda vai ser muito feliz, filha. Muito feliz.

Pai e filha tornaram a ficar em silêncio por alguns minutos. Dessa vez, foi Samantha quem voltou a falar:

— Como você tem se mantido nesses últimos anos financeiramente se abandonou o emprego há nove anos, papai?

— Eu tinha minhas economias, filha. Vivo delas.

— Um dia elas acabarão.

— Até lá, pretendo arranjar um emprego, noutra área.

— Com essa idade, papai?

— Abro um negócio próprio, algo simples, prático e lucrativo.

— Vai mesmo deixar de lado o seu talento para a medicina, papai? Acha justo uma coisa dessas para com o senhor e para com os enfermos?

— Antes eu sentia orgulho em ser médico, Samantha. Hoje eu sinto nojo.

— Isso passa, papai. Se Deus quiser, isso passa.

— Não alimente esperanças em vão, meu amor.

— Elas não são em vão, papai, nenhuma esperança é. O senhor alimentou a esperança de um dia me ver novamente boa, por dez anos e atingiu a vitória. Vou seguir agora o seu exemplo!

O pai levantou-se e sentou-se no sofá. Samantha após breve reflexão disse:

— Amanhã quero ir ao cemitério, papai.

— É um lugar tão triste, filha.

— Por favor.

— Está bem, eu a levo.

Samantha para alegrar o pai, disse:

— Agora sorria para mim, Dr. Richard. Dê-me aquele sorriso bonito, feliz por me ter de volta.

Richard tentou.

— Isso, papai. E, por favor, de agora em diante procure pensar só nas coisas boas que pode viver ao meu lado.

Richard balançou a cabeça, segurando-se para não chorar.

CAPÍTULO 14

Na manhã do dia seguinte, cumprindo sua palavra, Richard conduzia sua filha na cadeira de rodas, por entre as lapides do cemitério. Samantha levava um lindo buquê nas mãos.

— Chegamos, filha, é aqui...

Ele não conseguiu terminar a frase. Chorou. Samantha, entre lágrimas, depositou o buquê rente à lápide e se silenciou. Para ela, a mãe havia morrido a menos de um dia, era essa a sensação que inundava o seu peito. Era como se ela tivesse acabado de ser enterrada. Os dez anos que haviam se passado não podiam ser absorvidos por Samantha, era como se eles nunca tivessem existido.

Geórgia, em espírito, apareceu ali, acompanhada de seu guia espiritual. Não havia lágrimas em seus olhos, nem um pingo de dor transparecendo em sua face. Estava serena.

Os dez anos na colônia Nosso Lar haviam ajudado seu espírito a recuperar as energias e também lhe ensinado muito sobre equilíbrio mental e espiritual. A compreensão e o perdão foram as ferramentas que mais serventia tiveram para consolidar esse processo. Geórgia, aproximou-se da filha, pairou a mão sobre a sua cabeça e ficou ali transmitindo-lhe energia vital.

Rompendo o silêncio, Richard disse, num fio de voz:

— Esse é o fim de todos nós, filha. E eu lhe pergunto: para que viver se acabamos aqui? A sete palmos da terra?

Foi Geórgia quem quis responder a pergunta de Richard. Para isso, aproximou-se do ouvido da filha e lhe disse palavras que Samantha repetiu para o pai, pensando ser fruto da sua mente. Não fazia ideia de que o espírito da mãe estava a seu lado, dizendo tudo aquilo para ela, com tanto carinho, na intenção de ajudar Richard, aquele que fora seu marido em sua última reencarnação. A ter uma visão mais apurada e otimista da vida.

— Ora, por que viver, senhor Richard? — comentou Samantha. — Se não houvesse a vida, você não teria conhecido a mamãe, não teria vivido todos os bons momentos que viveu ao lado dela. E foram muitos, não foram?

— S-sim, Sam, foram...

— Aposto que vocês dois tiveram momentos mais felizes do que tristes, não?

— S-sim...

— Sem a vida, vocês não teriam se unido e, consequentemente, me concebido. Não teriam podido viver, também, tudo de bom que vivemos lado a lado.

"Os momentos maus fazem parte da vida, assim como não há luz sem escuridão.

"Precisamos reconhecer o que há de bom na vida e seguir, a todo instante, o conselho de Jesus: 'Veja o bem acima do mal.'"

— Mas é tão difícil, filha.

— Ainda assim é preciso, papai. Não nos resta outra escolha.

Richard curvou-se sobre a filha e a beijou carinhosamente na testa. Samantha retribuiu o beijo, beijando-lhe a bochecha.

Geórgia, ainda que sem voz, tamanha a emoção, continuou compartilhando com a filha seus pensamentos e conclusões, os quais Samantha dividia com o pai:

— Cada um na vida tem uma missão, papai.

— Uma missão?

— Sim. Ninguém parte, enquanto não cumpri-la, se não por inteira, pelo menos boa parte dela. Em outras palavras, quem permanece na Terra é porque ainda não cumpriu sua missão.

— Se isso for realmente verdade, só resta saber por que a missão de uns é maior que a de outros?

— O tempo nos dirá, papai.

Richard abraçou a filha.

Geórgia sentiu-se mais tranquila ao perceber que suas palavras, ditas por Samantha, haviam confortado tanto a filha quanto Richard. Agora ela podia regressar para o Nosso Lar certa de que uma força a mais amparava o marido e a filha na Terra.

Pelo caminho de volta para a casa, Samantha comentou:

— A casa da família do Daniel fica aqui pertinho, papai. Poderíamos dar uma passada por lá, o que acha? Acho que dona Isadora ainda não teve a oportunidade de saber que despertei do coma. Até mesmo Daniel deve estar por fora...

Richard, para desconversar, aumentou o rádio e disse:

— Adoro esse cantor, ele tornou-se bastante popular nos últimos anos. Chama-se Michael Boublé.

— A voz dele não me é estranha. — comentou Samantha, apurando os ouvidos.

— Eu levava os CDs dele e de Josh Groben, outro cantor magnífico, que teve grande destaque nos últimos anos, para ficar ouvindo no toca CDs, enquanto a visitava no hospital.

— Eu cheguei a ouvir música enquanto estava lá. Não sei precisar ao certo quando foi isso, mas ouvia sim, uma voz bonita e melodiosa, como pano de fundo dos lugares que visitava...

— Lugares?

— Sim, em sonhos, creio eu... Lugares muito diferentes da Terra. Com cidades, muita gente, muita paz... Era como se eu estivesse flutuando pelos lugares. Visitando outros mundos sem estar lá realmente, sabe? Era como se eu fosse apenas alma, nada mais, a flutuar... Meu corpo era o mesmo, minhas roupas também, mas eu mesma era composta de uma matéria diferente. Reluzente e gasosa. Não sei explicar direito. Em muitas viagens, entre aspas, eu encontrei a mamãe.

— Interessante.

— Sinto-me arrepiar, agora, só de pensar nisso. Estaria eu, na verdade, visitando o reino dos mortos?

Richard não soube responder, sempre fora muito cético quanto ao terreno da metafísica.

❦

Enquanto isso, no Nosso Lar, Geórgia perguntava ao seu amigo espiritual:

— O que minha filha via, enquanto estava de coma, eram outros mundos no Além, não?

— Sim. Nas circunstâncias em que ela se encontrava, o espírito se desprendia do físico e viajava pelo Além. Por isso pôde, tantas vezes, encontrar você, Geórgia, aqui no Nosso Lar... Matar a saudade, usufruir um pouco mais da sua companhia.

"Por isso que Samantha ao saber do seu desencarne reagiu com tanta serenidade e não com desespero como acontece com a maioria das pessoas diante de uma notícia dessas. É porque ela já sabia o que havia lhe acontecido, o que ouviu foi apenas uma confirmação do que já sabia. Os encontros com você aqui, no Nosso Lar, a prepararam para receber a notícia e lidar com a sua ausência. Em suma, os encontros entre vocês duas aqui foram também de extrema importância para a recuperação dela para o cumprimento de sua missão na Terra."

Geórgia apreciou muito o que ouviu, era uma honra para ela saber que, mesmo de longe, noutro plano da vida, ainda podia ajudar a filha tão amada durante sua jornada terrestre.

❦

Ao chegarem a casa, Richard e Samantha encontraram Rosária aguardando por eles com o almoço à mesa.

— Que bom que vocês chegaram, assim comerão tudo quentinho. — falou a mexicana com grande satisfação.

O almoço foi composto de pratos mexicanos, especialidade de Rosária. Após a refeição, pai e filha se recolheram na sala de TV. Foi então que Samantha perguntou ao pai o que muito martelava a sua cabeça:

— Papai! No carro, quando falei sobre a família de Daniel, foi impressão minha ou o senhor desconversou?

Richard franziu as sobrancelhas, fingindo grande esforço de memória.

— O senhor me disse que Daniel está no exterior, fazendo um curso...

— Se disse é porque é.

— Isso não é verdade, não é mesmo?

— É verdade sim, filha.

— Ele desistiu de mim, não foi?

Richard fugiu dos olhos da filha.

— Pode dizer, estou preparada. — insistiu Samantha, fazendo-se de forte.

Richard não conseguiu dar a resposta que a filha tanto queria. Por isso, Samantha, disse:

— Daniel não aguentou me esperar, não foi? Acreditou que eu nunca despertaria do coma, não é mesmo?

Richard com muita dificuldade, enfim, respondeu:

— Foi isso mesmo, *honey*. Eu sinto muito.

Samantha baixou os olhos para as mãos pousadas no seu colo, em forma de concha. Silenciou-se por quase dois minutos, depois perguntou:

— Por onde ele anda, papai?

— Esqueça-se dele, filha. Ele não a merece.

— O que Daniel fez da vida dele, papai? Casou-se?

Richard queria responder, temia que a verdade ferisse ainda mais a filha. Como ela insistiu, sem ver escolha, acabou confirmando:

— Sim, *honey*. Ele se casou com outra. Nunca mais soube dele, nunca mais fiz questão de saber. Ele não era quem você pensava, quem nós pensávamos... Por isso, Samantha, peço-lhe, encarecidamente, que se esqueça dele.

— Esquecer de Daniel, papai? Não posso! Eu ainda o amo. Dez anos podem ter se passado desde que fui parar naquele quarto de hospital, mas dentro de mim tudo continua sendo o mesmo de dez anos atrás, os meus sentimentos por ele continuam sendo os mesmos.

— Eu não quero que você sofra, filha, não mais!

— Creio, papai, que ninguém consegue passar por essa vida sem uma boa dose de sofrimento.

— Você vai conhecer um outro rapaz, Samantha, vai se casar com ele e ser muito feliz ao seu lado.

— Não quero pensar em nada disso agora, papai. Não quero mais fazer planos para o futuro, de que adianta fazê-los se a vida é quem dá sempre a palavra final? Quero apenas, agora, voltar para a vida, rever amigos e ficar por dentro da atualidade.

— Desculpe-me por ter mentido para você, filha... Não contei nada antes sobre o Daniel porque não tive coragem. Quis poupar seu coração de outro abalo e decepção.

— Está bem, papai. Está tudo bem, não se preocupe.

Os olhos, infelizes e assustados da moça, desmentiam seu rosto sorridente e confiante.

— Agora, por favor, leve-me para o quarto, papai, quero descansar um pouco.

Richard atendeu o pedido da filha no mesmo instante, sabia que ela precisava ficar só, para poder digerir tudo aquilo, até mesmo para chorar em silêncio, se fosse preciso.

Foi com grande aperto no coração que ele a deixou sozinha em seu quarto, deitada sobre a cama, com as costas apoiadas em uma grande almofada recostada contra a cabeceira do leito.

Assim que ele saiu, Samantha voltou seus pensamentos para Daniel. Era impossível deixar de refletir sobre ele agora e sobre a tragédia que os separou. Para ela, Daniel havia dançado no seu baile de formatura ainda ontem, não dez anos atrás. As palavras que um disse para outro, naquela noite, palavras regadas de paixão, ainda estavam bem vivas na sua memória, frescas como uma fruta que acabou de ser colhida no pé.

— Faltava a gente fazer isso, né? — comentou Daniel, ao pé do ouvido dela. — A gente nunca dançou junto antes, de rosto colado, feito chicletinho... Aliás, a gente ainda não fez um montão de coisas juntos.

— A gente vai fazer, meu amor. Todas elas e muitas outras. — foi a resposta que Samantha lhe deu.

Ele sorriu, beijou-lhe os lábios e comentou:

— Ainda me lembro, como se fosse hoje, do momento em que a paixão por você, explodiu dentro do meu peito, como se fossem fogos de artifício. Da hora em que expus meus sentimentos por você e você me surpreendeu dizendo que sentia o mesmo por mim. Da surpresa maior que foi quando, no cinema, você tocou a minha mão, depois a envolveu, entrelaçou seus dedos nos meus. Uma certeza eu tenho: foi o destino quem nos uniu. Lindo e surpreendentemente...

A última palavra encerrou-se com um beijo, transbordando de afeto e paixão. Segundos depois, Samantha assumiu a direção da conversa.

— Já lhe disse que quero ter pelo menos três filhos? Uma menina e dois meninos. Agora, você vai brigar comigo quando souber que eu já tenho, desde menina, os nomes para pôr nos três.

— Jura?!

— Sim.

— Quais são?

— Rebecca, Joshua e Ben. Você vai brigar comigo por causa dos nomes, não? Saiba que eu não abro mão deles. — defendeu-se Samantha.

— Eu jamais vou brigar com você, Sam. Seria um tolo se brigasse por causa disso.

Mirando fundo nos olhos dela, ele beijou-lhe os lábios mais uma vez e comentou:

— O nosso encontro foi um encontro de almas. Almas afins.

Samantha ainda se lembrava que naquele momento a banda começou a tocar "My Heart Will Go On" tema do filme Titanic. No entanto, agora, em seus ouvidos, não era a voz do vocalista da banda que interpretava a canção e sim da própria Celine Dion. Era como se Celine estivesse ali, ao lado dela, cantando bem ao seu ouvido.

De repente, ela percebeu que sua vida e a de Daniel Hartamann havia sido separada por uma fatalidade tal como a dos personagens do filme "Titanic", interpretados por Leonardo Di Caprio e Kate Winslet.

Como seria se, por ventura, encontrasse Daniel pelas ruas? O que sentiria? O que ele sentiria ao vê-la, saber que estava cheia de vida novamente? Teria ele, ainda, algum sentimento por ela?

Seria melhor que os dois jamais se encontrassem. Seria doído demais rever o moço que ainda amava de paixão, casado com outra e com filhos, certamente.

Por mais que Samantha Johnson estivesse determinada a não chorar, não conseguiu impedir que algumas lágrimas rolassem por sua face. Diante das circunstâncias, era natural.

Sem perceber, ela cochilou. Nos sonhos reencontrou a mãe, vivendo numa outra dimensão, trabalhando com amor e dedicação, cercada de amigos, dividindo os mesmos sentimentos.

Quando despertou, a imagem da mãe, reluzente, ainda estava estampada na tela da sua mente. Vê-la, compartilhando aquele sorriso encantador a punha num estado de graça e paz que raramente o ser humano alcança, se não for com a ajuda de um espírito de luz, um estado que faz com que todos se sintam amparados e fortes para seguirem em frente, superando obstáculos da existência.

Geórgia, surgindo, repentinamente ao lado da cama onde a filha se encontrava deitada, falou, com candura, ao seu ouvido. Em meio a palavras de amor, a mãe fez-lhe um pedido. Queria que ela pusesse para tocar no Toca-CDs uma de suas canções prediletas, a que sabia a letra de cor e vivera cantando pela casa.

Samantha, ignorando a princípio que a vontade partia da mãe invisível a seus olhos, pensando ser uma vontade própria, pôs os pés para fora da cama, levantou-se e, apoiando sobre os móveis que havia ali, chegou até a estante onde mantinha sua coleção de CDs, guardada. Ela estava tão decidida a atender o pedido da mãe, pensando ser o seu, que nem se deu conta do que fez, da vitória que foi se levantar apoiado sobre as próprias pernas sem a ajuda de alguém, pela primeira vez, depois de voltar à vida.

Assim que encontrou o CD o pôs para tocar. Tratava-se de uma das canções mais famosas da cantora Mariah Carey, uma que ficou popular no mundo inteiro, chamada: "Hero"*(1)*.

A letra da canção*(2)* sugere que toda pessoa tem um herói dentro de si. Que as respostas e o amor que procuramos encontrar ao longo da vida podem ser encontradas no recesso de nossa alma e o encontro com esse herói, com essas respostas e com o amor nos libertará da tristeza, nos dará coragem para seguir pela vida, deixar os medos de lado, realizar nossos sonhos.

Samantha ainda se lembrava com detalhes quando ela e a mãe estiveram na tarde de autógrafos da cantora numa loja de CDs da cidade. O acontecimento foi ocasional, haviam saído para fazer compras quando um aglomerado de pessoas, de todas as idades, agitando-se na frente de uma loja de CDs chamou a atenção das duas. Quando perguntaram o porquê do agito, o funcionário da loja explicou que era por causa da tarde de autógrafos com a cantora Mariah Carey.

Geórgia fez questão de pegar o seu autógrafo. Aquela seria a primeira vez em que conseguiria o autógrafo de um cantor que admirava. Quando meninota quisera muito um, dos Beatles e um, de Elvis Presley, mas nunca teve a oportunidade de encontrá-los pessoalmente para pedir-lhes.

Samantha ainda se lembrava com nitidez a alegria da mãe ao receber o autógrafo da cantora, envolta em toda a sua simpatia. Foi um dia surreal para Geórgia, sabia a filha, para se guardar para sempre na memória e no coração e Geórgia guardou.

Samantha pôs novamente a música para tocar e dessa vez cantou com ela. De tanto a mãe ouvi-la, havia também decorado a letra.

O volume do toca CDs estava tão alto que Samantha nem sequer ouviu as batidas do pai à porta. Ainda que sem consentimento, Richard decidiu

---

(1)Composição de Mariah Carey e Walter Afanasieff. (2)Interpretação livre da letra por parte do autor. (N. A.)

entrar no quarto. Ao avistar a filha, sentada à cama, cantando, descontraída a canção que a esposa tanto gostava, um sorriso bonito floriu em seus lábios.

Samantha ao vê-lo, retribuiu o sorriso e fez sinal para que ele se sentasse ao seu lado. Quando Richard atendeu seu pedido, seus olhos vertiam lágrimas.

Quando a canção terminou, Samantha apertou o *pause*. Richard aproveitou para elogiar a filha:

— Estou feliz por vê-la alegre e disposta, *honey*.

Samantha beijou a bochecha do pai e explicou:

— Despertei de um breve cochilo, pensando na mamãe, com vontade de ouvir a canção que ela tanto gostava.

— Fez bem.

— Sabe, papai, ainda estou com a impressão de que foi a mamãe mesmo quem veio até mim e me pediu para tocar a música.

As sobrancelhas de Richard, arquearam-se.

— Falo sério, papai. Durante o tempo todo em que ouvi a canção, e até mesmo agora, posso sentir a presença dela aqui no quarto.

"A mamãe dizia que a letra desta melodia é um estímulo à vida, um incentivo a todos aqueles que precisam superar obstáculos, problemas na vida. Agora, prestando melhor atenção a letra, concordo com ela.

"Despertar o herói que existe dentro de nós é exatamente o que o ser humano precisa fazer quando as coisas fogem ao seu controle, tomam um outro rumo, não saem como esperado. E é isso o que vou fazer, papai. Para honrar a dádiva da vida que Deus me deu e a segunda oportunidade para retomar o que foi interrompido, vou despertar a heroína que existe em mim. O senhor deveria fazer o mesmo.

Richard ficou sem palavras.

Nos dias que se seguiram Samantha se dedicou à fisioterapia ainda com muito mais vontade. Queria voltar o mais rápido possível a ser quem era. Queria viver. Seu interesse pela vida havia renascido, intensamente. Com força redobrada. Foi assim que ela foi se recuperando e logo estava novinha em folha. Sua determinação e recuperação alegraram Richard, imensamente. Antes o tivesse estimulado a seguir seu exemplo.

Dias depois, Samantha encontrava o pai calado e entristecido, num canto da casa.

— O que foi, papai? Por que está tão cabisbaixo?

— Ora, por que, filha... É a saudade da sua mãe batendo forte dentro de mim outra vez. É sempre assim, surge de repente, como uma onda, um tsunami alagando e derrubando tudo por onde passa.

"Quando eu me lembro de que ela nunca mais vai voltar, de que nunca mais terei seus beijos, nem sentirei seu toque carinhoso, macio... Nunca mais ouvirei as suas palavras ditas com tanto afeto... A dor da saudade é tamanha, é quase um desespero sem fim. Só quem perdeu quem muito se ama pode me entender.

— Eu sei, papai. Comigo não é diferente. A única diferença entre nós é que estou procurando reagir. Lembrar que de nada vale chorar, que as minhas lágrimas não vão trazê-la de volta. Que posso chorar sim, de saudade e emoção, vez ou outra, mas jamais transformar a minha vida num vale de lágrimas...

"Papai, tudo me leva a crer que a mamãe está viva em algum lugar. A sensação de tê-la ao meu lado já aconteceu tantas vezes que tenho a certeza absoluta de que ela continua viva só que num outro plano da vida."

— Eu gostaria tanto de ter a sua certeza, filha, mas a dúvida persiste dentro de mim: existe mesmo algo além da vida ou tudo não passa de uma ilusão, um delírio da mente? Uma ilusão para secar as lágrimas e acalentar o coração?

— Penso, papai, que viveremos sempre sob a sombra dessa dúvida. Nunca teremos certeza absoluta de que existe mesmo algo além da vida. Ainda que a vida no Além seja incerta, prefiro tê-la como uma verdade absoluta dentro de mim. Não só por que isso acalenta o meu coração, mas porque no fundo, bem lá dentro do meu coração, algo me diz que a vida no Além faz total sentido.

"Sabe, papai, sempre me perguntei por que nós, aqui na América dizemos que, quando alguém morre, que ele ou ela *passed the way.* * De onde vem essa frase? Qual é a sua verdadeira origem? O que ela nos diz exatamente? A resposta, então, saltou-me à vista. Usa-se essa expressão porque ela traduz verdadeiramente a transição entre uma vida e outra, a transição entre o plano terrestre e o plano espiritual. De fato, aquele que morreu faz a passagem entre dois mundos.

— Nunca havia pensado nisso, filha.

— Há tanta coisa no mundo que carece de reflexão, papai. A origem das palavras e expressões nos revelam mais sobre a vida do que qualquer outra coisa. A palavra espírito, por exemplo...

As observações da filha conseguiram fazer com que Richard se alegrasse novamente.

꧁

Enquanto isso, no Nosso Lar, Geórgia perguntava ao um mestre de luz, algo muito importante:

— Por que os encarnados não podem ter a certeza de que a vida continua após a morte?

A resposta foi imediata:

— Porque se tiverem, muitos vão abandonar suas obrigações na reencarnação (atual) em que se encontram para esperar por uma vida futura onde acreditam que possam ter tudo o que almejam de bom e não tenham de passar pelos desafios que passam agora, passagens importantes para o seu crescimento pessoal e espiritual, que farão com que eles, no futuro, consigam, enfim, o que tanto almejam.

"Em outras palavras. Metaforicamente falando. Ter a certeza de que a vida continua após a morte, que existe o processo reencarnatório, é o mesmo que dar a certeza a um aluno que, não importa o empenho que tenha nos estudos, vai passar de ano. Uma certeza que fará com que muitos alunos deixem de estudar e, com isso, não desenvolvam o seu intelecto, tampouco suas habilidades."

---

*Ao pé da letra significa: fez a passagem. (N. A.)

Geórgia gostou do que ouviu. Para ela, os motivos apresentados pelo mestre de luz faziam total sentido. A seguir ela disse, em tom de desabafo:

— Estou muito contente com minha filha, sabe? Ela está sendo magnífica, mais forte do que eu pensava que seria. Seu coração, então, se mostra tão generoso que me comove. Se Richard soubesse...

— Soubesse...? — indagou o mestre de luz.

Geórgia, ainda que incerta, continuou:

— Que ela conhece a identidade do assaltante que atirou em nós.

— Ela sabe?

— Sim. Eu também sei.

O mestre de luz refletiu por instantes e perguntou:

— E se você tivesse sobrevivido teria mantido segredo quanto a identidade do assaltante da mesma forma que sua filha está mantendo?

— Sim.

— Admirável. Poucos fariam isso, a maioria o entregaria às autoridades o mais rápido possível.

— Eu sei... Acontece que, bem... Eu consigo entender por que ele disparou aqueles tiros em nós.

— Um coração capaz de entender algo desse tipo é um coração dentre poucos.

— Outros também compreenderiam...

— Será?

— O importante é que Samantha está guardando esse segredo, não só porque acha que compreende o que levou o assaltante a atirar em nós, mas, para proteger o pai. Se Richard souber da verdade, é capaz de matar o assaltante, complicando ainda mais a sua vida.

"Eu perdoei quem atirou contra mim e minha filha, mas não recrimino Richard por agir como age, por estar há dez anos preso a um desejo de vingança doentio. Porque sei que ele não tem maturidade para encarar a realidade de outra forma. Porque me pus na sua pele."

— Isso é muito importante. Só se pondo na condição do outro é que se pode compreendê-lo e, assim, verdadeiramente, ajudá-lo a superar o que precisa ser superado.

"Por falar em Richard, como vão as flores do perdão que você plantou em sua intenção?"

— Por mais que eu as esteja regando, elas ainda não cresceram como esperado.

— Mas elas crescerão. Podem demorar um pouco, mas crescerão. Se não crescerem, plante novas sementes e as regue com o mesmo empenho e determinação porque elas são de extrema importância para o avanço pessoal e espiritual.

"Só quem cultiva o perdão pode vir a existir plenamente e resistir às intempéries da vida. Pode também compreender que ele próprio comete erros e precisa ser perdoado. Que precisa também receber o perdão até mesmo de si próprio para tornar mais fácil a sua existência."

※

Diante da tristeza e do isolamento do pai de tudo e de todos, Samantha decidiu fazer algo para mudar o seu astral. Disse que queria muito ter um cão de estimação para alegrar a ela e a casa, mas, na verdade, era para alegrar o pai, amolecer o seu coração, ajudá-lo a cicatrizar a ferida aberta pelo passado. Havia lido sobre as maravilhas que um cachorro pode fazer por pessoas que sofrem uma grande perda ou um grande choque na vida.

Disposto a realizar todos os desejos da filha, Richard foi com ela até um canil para adotar um cãozinho.

O cão adotado, chamava-se James. Era uma mistura de Labrador com alguma outra raça. Era de um carisma contagiante. Assim que Richard pousou os olhos nele, o animal latiu e abanou o rabo, demonstrando profunda alegria com a sua presença. Samantha não teve dúvidas de que ele seria o cão ideal para eles. Richard também não.

Quem não gostou muito da novidade foi Rosaria. Mas teve de se acostumar à presença do cão na casa, como teve de se acostumar a muitas coisas que a vida nos traz e não queremos.

Richard, em momento algum, desconfiou da verdadeira intenção da filha com a adoção do animal.

CAPÍTULO 15

Haviam se passado mais de dois meses desde que Samantha havia voltado para sua casa. A essas alturas ela já voltara a andar com naturalidade e até mesmo dirigir. Ao todo já fazia quase quatro meses que ela havia despertado do coma.

Ela estava pondo algumas coisas em ordem, ajeitando a estante da sala de estar, quando encontrou, por acaso, o convite do casamento de Daniel Hartamann.

Ela abriu o envelope, com extremo cuidado, como se ele fosse de feito de um material muito frágil, capaz de se esfarelar na sua mão. Leu tudo o que estava escrito ali com muita atenção. Ao término, recolocou o convite no envelope e o fechou, na intenção de deixar preso dentro dele a realidade que tanto feria o seu coração.

Um suspiro ecoou do seu peito e ela repetiu para si mesma a letra da canção "Hero". *"There's a hero, if you look inside your heart..."*

— É isso mesmo! — encorajou-se. — Tenho de trazer o herói que existe dentro de mim para fora, para ter força e coragem suficiente para seguir em frente.

Disposta a esquecer o triste impacto sofrido ao encontrar o convite de casamento de Daniel Hartamann, Samantha resolveu procurar no jornal algum programa para fazer naquela tarde. Considerou a apresentação da orquestra sinfônica de San Francisco em Golden Gate Park a melhor pedida. Nada melhor que uma tarde num parque lindo como aquele, ao som de música instrumental para levantar o astral.

Vinte minutos antes do início da apresentação, Samantha Johnson chegou ao local que aquela hora já estava tomado de gente para assistir ao espetáculo. Enquanto Sam procurava por um lugar para assistir ao show, passou por um rapaz de rosto simpático, cabelos e pele clara, que olhou para ela com seus bonitos e profundos olhos azuis e disse:

— *Hy.*

Samantha estava com a mente tão longe que nem ouviu cumprimentá-la. Continuou, simplesmente andando, olhando para a concha acústica onde os músicos da orquestra se preparavam para a apresentação que aconteceria logo mais.

O rapaz a seguiu, olhando-a bastante interessado.

Ela atravessou o gramado e sentou-se num dos bancos que havia por lá. Ficou ali, feito uma menina, balançando as pernas estiradas para cima e para baixo enquanto saboreava uma maçã que havia levado na bolsa. Entre uma mordida e outra, pensava no quanto uma orquestra tinha o poder de revitalizar uma pessoa. Entrar na alma do ser humano e ligar tudo dentro dela como faz a paixão quando explode dentro de todos.

No minuto seguinte, uma sombra caiu sobre a moça. Assustada, Samantha ergueu a cabeça para descobrir sua origem. O rapaz que há pouco se dirigira a ela, estava em pé, entre ela e o sol. Não olhava para ela, mas sim, para a concha acústica. Então, ele suspirou, olhou para ela e disse, com delicadeza:

— É tão raro no mundo quem aprecia música clássica, não?

Era um começo bem pobre, mas a melhor forma que o rapaz encontrou para entabular uma conversa.

— Você acha? — indagou ela, olhando com curiosidade para o rosto alegre do rapaz.

Ele afirmou que sim com a cabeça e completou:

— Depois dos Beatles, o mundo só tem ouvidos para a música pop.

Samantha refletiu e ligeira opinou:

— Acho que no mundo há gosto para tudo.

O rapaz lançou-lhe uma olhada suspeita. Sorriu, tentando disfarçar sua insegurança e se apresentou:

— Olá, meu nome é Matthew Palma.

Samantha estendeu-lhe a mão, como se fosse uma anfitriã, recebendo um convidado.

— Olá, sou Samantha Johnson. — E acrescentou, com voz calma: — Tenho a impressão de já conhecê-lo de algum lugar. Sua voz não me é estranha.

Ele sorriu tranquilizadoramente e disse:

— De fato já nos conhecemos.

— De onde mesmo?

— Do hospital onde você esteve internada.

Uma óbvia admiração espalhou-se pelo rosto franco de Samantha. Matthew continuou:

— Eu estava com meu avô internado no mesmo hospital quando, um dia, sem querer, entrei no quarto que você ocupava. E, bem... Assim que a vi, quis saber quem era. A enfermeira-chefe me contou a sua história. Desde então, sempre que podia dava uma passada por lá para vê-la.

Uma sombra passou pelo rosto de Samantha. Uma sombra do passado.

— Era você, então, quem conversava comigo? — admirou-se ela.

— Sim. Eu sei que dei uma de intrometido, de bisbilhoteiro, na verdade, mas... Gostei de você, não sei, algo em seu semblante me cativou. Não foi por pena, não, que fiquei interessado em você. Foi por outro sentimento, que eu nem sei ao certo até hoje definir.

Samantha continuava olhando para Matthew Palma com evidente admiração.

Nesse momento o maestro, bastante conceituado, subiu ao palco, e uma salva de palmas ecoou por Golden Gate Park.

— Vai começar. — alegrou-se Matthew. — Importa-se de eu me sentar aqui ao seu lado?

— Fique à vontade. — respondeu Samantha dando espaço para o rapaz se sentar.

Não levou mais que trinta segundos para a orquestra começar a tocar a primeira melodia dentre as muitas de seu repertório, empolgando todos os presentes. Uma hora e meia depois terminava a apresentação. Após fazer alguns elogios à orquestra, Samantha levantou-se e disse:

— Bem, eu já vou indo.

— Oh... Bem, então...

Matthew tornou-se escarlate de repente. Até as sobrancelhas ficaram coradas.

— Até um dia, então... Samantha... — despediu-se ele, gaguejando um pouco.

— Matt.

— S-sim.

— Obrigada.

Ele estranhou o agradecimento.

— Obrigada pelas visitas que me fez. No hospital.

— Não precisa me agradecer.

E, piscando o olho, ele acenou um novo adeus para a moça.

Nem bem ela deu um passo, ele a chamou:

— Samantha.

Ela parou e virou-se para ele, silenciosa.

— Será que, bem, não podemos tomar um sorvete, juntos, o dia está tão quente... O que acha?

Era evidente que o moço estava nervoso, caso contrário não gaguejaria tanto.

Diante da incerteza de Samantha, Matthew Palma insistiu:

— Por favor, não me deixe mais sem graça do que já estou. Eu gostaria muito de conhecê-la melhor... Não sabe o quanto esse encontro significa para mim. Eu...

Ela o interrompeu com delicadeza.

— Acho que hoje sou uma péssima companhia para tudo, Matt.

— Será?

Samantha explicou a seguir o motivo.

— Encontrei hoje, sem querer, o convite de casamento do meu ex-noivo. Ele, descrente de que eu recuperasse a consciência, despertasse do coma, casou-se com outra.

— Eu... eu sinto muito... Não sabia que era noiva antes da tragédia...

— Eu não recrimino meu ex-noivo. Diante da situação em que eu me encontrava, ele fez o melhor que podia para ele.

— Se ele passou para outra por que você também não passa?

— Porque para mim os dez anos me pareceram apenas um dia. E não se esquece de um grande amor em tão pouco tempo.

— Eu compreendo. Imagino como deve estar se sentindo com tudo isso, não deve estar sendo fácil.

— Mas eu tenho de reagir, Matthew. Reagir. O convite para o sorvete ainda está de pé?

Um sorriso bonito se abriu na face do moço.

— S-sim, claro...

— Então, vamos!

Enquanto os dois tomavam sorvete, Samantha contou um pouco de sua história com Daniel Hartamann. Mattew foi só ouvidos. Ao término da narrativa, a moça confessou:

— Foi bom desabafar. Muito bom. Obrigada.

— Que é isso?! Quando precisar de mim...

Ele tirou a carteira e, de dentro dela pegou um cartão de visita e entregou-lhe.

— Matthew Palma... — leu Samantha em voz alta —, você me parece um *cara* e tanto.

Matthew nem ouviu o elogio, estava em alfa, admirando o semblante bonito de Samantha. Se em coma ela já era encantadora para ele, desperta, era apaixonante. Se ele não soube viver sem vê-la, pelo menos uma vez por semana, no hospital, na época em que ela estava em coma, agora, não conseguiria viver sem tê-la ao seu lado como namorada, logo uma noiva, rapidamente sua esposa, mãe de seus filhos. Ele simplesmente amava Samantha Johnson. Agora, lúcida, ainda bem mais do que antes.

— Será que eu posso *te* ligar para a gente sair qualquer hora dessas? — disse ele voltando à realidade.

Samantha achou por bem usar de sinceridade:

— Eu não sei quais são as suas intenções para comigo, Matt, mas saiba que não estou pronta para me envolver com um outro *cara* tão cedo. Como lhe disse, apesar de ter ficado dez anos em coma, para mim foi como se eu tivesse ficado apenas uma noite, daí porque ainda amo meu noivo, amo loucamente. Espero que me compreenda.

— Eu compreendo. Não estou exigindo nada de você além da sua companhia para um cinema, um teatro, um show, um passeio... Acho que isso não é pedir muito, é?

— Não.

Ele sorriu. Ela sorriu e seu sorriso deixou o moço de 28 anos ainda mais certo de que Samantha era, definitivamente, a mulher perfeita para ele.

O encontro dos dois no parque não se dera por acaso, Matthew Palma, desde que soube que Samantha havia despertado do coma, passou a ir até a casa da moça, onde ficava de plantão, dentro do seu carro, aguardando ela sair para poder se aproximar dela. Naquele dia, quando a viu saindo de carro, ele a seguiu e ficou feliz ao descobrir que ela havia ido ao parque, pois não havia lugar melhor para uma aproximação do que lá. O que de fato foi verdade. Logicamente que Matthew guardaria segredo do que fez e vinha fazendo para que Samantha não pensasse que ele era louco. Louco de amor sim, louco, louco, não!

Dias depois, Samantha e Matthew se encontravam novamente. Desta vez, numa lanchonete, a que servia o melhor e mais famoso chantili da cidade. O convite partira de Matthew, certamente.

Após Samantha degustar um delicioso leite achocolatado, gelado e forte, com chantili, Matthew perguntou a acompanhante:

— Aceita outro copo de chocolate?

— Aceito, sim, obrigada.

Samantha agradavelmente estimulada pelo chocolate frio foi se sentindo mais à vontade na presença do rapaz. Minutos depois ela dizia com ares de quem está prestes a compartilhar um grande segredo:

— Vou lhe contar algo muito engraçado que aconteceu comigo, se prometer não rir de mim.

— Prometo. — jurou Matthew batendo continência.

— Mesmo?

— Palavra de escoteiro.

Samantha tomou mais um gole do chocolate e disse:

— Estava assistindo TV outro dia, com o controle remoto na mão, pulando de canal em canal, quando vi um clipe da Madonna* na MTV. Como eu nunca havia ouvido aquela música, pensei tratar-se de uma que ela havia gravado nesses últimos dez anos, enquanto eu, bem, você sabe... Adorei a canção e achei Madonna, como sempre, surpreendente. Seu novo visual, incrível. Fui a uma loja de CDs em busca do CD que tivesse aquela música do clipe. Ainda não me acostumei ao hábito de baixar músicas pela internet. Acho que nunca vou me adaptar. Cantarolei um pedacinho da música para o vendedor e ele riu de mim e explicou o motivo: "Essa música não é da Madonna!" e eu disse: "É sim, vi um clipe dela na MTV".

"O vendedor, ainda rindo me explicou: "Você pensou que era Madonna, porque a cantora lembra muito a Madonna. Você viu, na verdade, Lady Gaga**." "Lady, o que?!", perguntei e ele repetiu. Diante da minha cara de interrogação o atendente da loja me perguntou: "Você nunca ouviu falar em Lady Gaga?! Por onde você andou nos últimos tempos?" Achei preferível deixar o rapaz pensando que eu era uma moça por fora da modernidade a explicar que eu ficara em coma durante dez anos."

Samantha parou, refrescou a boca com mais um golinho do chocolate gelado, com chantili, olhou para Matthew bondosamente e perguntou:

---

*Famosa cantora pop norte-americana engajada em causas humanitárias. **Cantora pop norte-americana de destaque da atualidade. (N. A.)

— Você não vai rir do mico que eu paguei?

— Você me pediu para não rir. — respondeu Matthew, contendo o riso na garganta.

— Bobo.

— Não pense que você foi a única a confundir Lady Gaga com Madonna. Muita gente confunde as duas. Lady Gaga realmente lembra a Madonna do início da carreira.

— Ufa!

Matthew sorriu e enquanto degustava mais um pouquinho o chocolate com chantili, pensou: "Como eu a adoro, nem parece que fiquei cinco anos esperando-a despertar do coma, para poder ouvir sua voz, admirar seus olhos, conhecer seus valores, descobrir seus encantos...".

Matthew foi despertado de seus pensamentos por uma pergunta muito pertinente por parte de sua acompanhante:

— O que você pensou... agora... nesse instante?! Algo se passou pela sua cabeça, não?

O moço riu, sem graça.

— Sim. Pensei em como você é admirável. Que nem parece que fiquei cinco anos esperando-a despertar do coma, para poder ouvir sua voz, admirar seus olhos, conhecer seus valores, descobrir seus encantos...

— Cinco anos?! Mal posso acreditar que você ficou me visitando no hospital por cinco anos?

— E foi com muito prazer.

— Meu Deus, acho que eu não teria paciência. A não ser que fosse alguém que eu amasse muito...

Ela cortou a frase ao meio. Ele encarou-a bem fundo nos olhos e perguntou:

— Entende agora? O que me levou...

Ela o interrompeu com uma pergunta feita num tom perplexo:

— C-como?! Como você pôde ter gostado de mim sem sequer ter ouvido a minha voz, ter conhecido as minhas ideias, ter conhecido o meu jeito de ser...

— Pois é, pode parecer um mistério, mas não é. Na verdade, eu me apaixonei por você, simplesmente porque consegui ver você além do físico, além do estado em que se encontrava. Foi como se eu tivesse visto a sua alma, como se nossas almas se tivessem conectado.

A resposta, como não poderia deixar de ser, comoveu Samantha.

— Você, Matthew, é mesmo um *cara* formidável. Uma ótima pessoa para conversar. — elogiou ela.

— E você — redarguiu ele, rápido —, é uma ótima pessoa para conversar, namorar, viver, enfim, lado a lado.

O semblante de Samantha entristeceu. Com voz embotada de tristeza ela falou:

— Acho que nunca mais vou me interessar por alguém, Matthew. Sinto muito.

— E você acha que você será feliz assim? — preocupou-se o moço.

— Vou tentar. Muita gente é feliz sem ter alguém a seu lado. Digo, um amor...

— Será mesmo?

— Você não acha?

— É que, bem, até os padres e freiras têm alguém para amar: Deus, Jesus...

A observação tirou risos de Samantha. Matthew riu com ela, depois, readquirindo a postura séria fez um desabafo:

— Antes eu só queria uma coisa da vida, Samantha. Queria que você despertasse do coma, para eu poder ouvir a sua voz, trocar ideias, descobrir seus sonhos, compartilhar com você os meus. Conhecer seus valores, ver seus olhos, ver seu íntimo por meio deles. Agora...

— Agora?

— Agora eu só quero da vida uma chance, que você me dê uma chance de me aproximar mais de você, de conhecê-la melhor...

— Você está, por acaso, querendo namorar comigo?

— Sim.

— Mas...

— Eu sei. Você ainda ama o seu noivo, você já me disse, mas... Tenho esperança de que você supere o rompimento de vocês e me dê uma chance. Só sei que nada vai me fazer desistir de você.

— Será que vale a pena esperar?

— Para quem esperou cinco anos?!

Samantha não soube mais o que dizer.

Matthew Palma voltou para casa, aquele dia, rememorando tudo o que havia conversado com a mulher adorada.

— Não vou desistir de você, Samantha, não posso. Eu a amo! — jurou para si mesmo.

Dias depois, Matthew e Samantha estavam novamente passeando lado a lado. Após uma breve pausa na conversa descontraída que os dois estavam tendo, Samantha voltou-se para ele e disse em tom confidencial:

— Eu nunca contei a ninguém o que vou lhe contar agora, Matthew. Espero que fique somente entre nós.

— Pode confiar em mim, Samantha.

— O assaltante, o que estava roubando nossa casa quando eu e minha mãe chegamos, bem, ele não era exatamente um assaltante. Era apenas um adolescente, viciado em drogas, roubando para poder trocar dinheiro ou jóias, qualquer coisa, por drogas.

— C-como você sabe disso?

— Porque eu o conhecia, morava na nossa rua, três casas depois da minha. Por isso ele atirou em nós, porque o reconhecemos e, por medo que o delatássemos à polícia, aos pais dele. Ele quis nos silenciar.

— Você não pretende entregá-lo à polícia?

— De que adiantaria?

— Ele é um criminoso, Samantha. Um perigo para a sociedade.

— Não mais, Matthew.

— Não mais, como assim?

— Curiosa para saber o que aconteceu com ele descobri que foi preso, roubando, poucos meses depois do assalto à nossa casa. Foi no começo de

2001. A família não pagou a fiança, os pais quiseram lhe dar uma lição. O rapaz, por ter sido apanhado em posse de arma foi condenado, ficou cinco anos na prisão. De 2001 ao início de 2006.

"Sabe o que é ficar confinado numa cela, vendo o sol nascer quadrado todos os dias? Bem, eu não preciso ser presa para saber que é horrível e deprimente. Sem contar, os abusos físicos e morais que um jovem deve passar lá dentro nas mãos de outros presos.

"O desgosto que esse filho causou aos pais levou-os a uma profunda depressão, mudaram-se para outra cidade na esperança de se curarem da depressão. Não conseguiram.

"Quando o rapaz foi solto, seus pais o acolheram em sua casa, novamente. Em menos de uma semana, pelo que soube, ele já estava envolvido com drogas outra vez, criando transtornos à sociedade e à família. Diante da difícil situação, eles o internaram à força numa clínica para restabelecimento de dependentes de drogas. O rapaz precisou ser sedado para poder ficar no lugar, tamanha era a sua fúria e sua revolta. Em 2007, quando os médicos da clínica se convenceram de que ele estava realmente recuperado, ele voltou para a casa, mas não levou muito tempo para que voltasse a se tornar usuário de drogas.

"Numa noite, dirigindo sob o efeito de entorpecentes e álcool ele se acidentou. Depois do acidente ficou paraplégico, seu pai, com aquele amor infinito de pai, à tarde saía com o filho para passear. Seguia pelas calçadas do bairro, empurrando a cadeira de rodas. Foi durante um desses passeios que ele conheceu uma moça, uns cinco anos mais velha do que ele. Ela passeava com seu cãozinho de estimação, se interessou por ele e começou a lhe fazer visitas. Ele também começou a se interessar por ela, logo estavam namorando. Ela então o convenceu a participar dos cultos da igreja que frequentava, uma igreja evangélica. Ele foi se transformando por meio dos ensinamentos religiosos. Foi como a lagarta que se fecha num casulo e depois se transforma numa linda borboleta. Hoje eles têm uma filhinha, de um ano de idade.

— É uma história impressionante.

— É, não é? E eu lhe pergunto, Matthew, se o inferno não é aqui mesmo, na Terra?

— Às vezes, me parece que sim.

O passeio dos dois naquela tarde terminou com a promessa de um novo encontro, dias depois.

✿

Ao voltar para a casa naquela dia... Samantha encontrou o interior da casa em profundo silêncio.

— Papai? — chamou ela.

Não demorou muito para localizá-lo. Richard estava sentado na pequena saleta que servia como escritório, consultando algo na internet.

— Papai, está tudo bem com você? O que está fazendo? Paquerando pela internet?

Quando os grandes olhos baços de Richard avistaram a filha, ele tentou sorrir para ela. Mas foi um sorriso triste, logo desapareceu da sua face, restando apenas ali dor e agonia. Em tom de desabafo, Richard, falou:

— Estou procurando pistas, Sam. Pistas do desgraçado que assassinou sua mãe.

— Papai, esqueça isso, por favor.

— Não, Sam. Não esqueço! Não vou esquecer até que faça justiça a sua mãe, a você e a mim.

— Você pode estragar a sua vida por causa disso.

— Justiça será feita, filha. Não importam as consequências. Eu jurei para mim mesmo que não sossegaria enquanto não apanhasse o assassino de sua mãe. Vou cumprir o juramento.

Samantha quedou pensativa. O pai, despertando daquele estado obsessivo por vingança, perguntou a filha:

— Onde você estava? Seu semblante está ótimo.

Samantha percebeu que chegara finalmente a hora de ela contar ao pai sobre Matthew Palma. Contou tudo, *tim tim por tim tim* como eles se conheceram e de como se aproximaram um do outro.

— Eu me lembro dele, Samantha. — comentou Richard, com os olhos voltados para o passado. — Helen Adams, a enfermeira-chefe da ala do hospital onde você ficou internada falou muito bem a respeito desse rapaz. Rapaz na época, hoje, um homem...

A seguir o pai contou à filha a besteira que cometeu julgando Matthew apressadamente.

— Quero muito conhecê-lo, Sam. Pedir-lhe desculpas pela estupidez que fiz. Quero dizer-lhe o quanto o admiro, afinal, ele foi de uma dedicação inacreditável para com você, mesmo sem conhecê-la, o que é, ao meu ver, admirável.

— Sim, papai. Matthew é mesmo um *cara* admirável.

— Que bom que vocês se conheceram, Sam. É de um *cara* assim que você precisa para ser seu marido e pai de seus filhos.

— A gente mal se conhece, papai.

— Você gosta dele, Sam?

— Gosto, papai. O que é diferente de amar.

— Às vezes requer tempo para o amor acontecer, Sam. Sua avó dizia para mim que o amor é tal como uma flor, requer tempo para crescer. Ela também dizia o mesmo em relação ao perdão.

— O que ela dizia, exatamente, papai?

— Isso. Que o perdão leva tempo para brotar e crescer, mas quando cresce nos faz tão bem quanto uma flor que desabrochou.

A filha apreciou as palavras. Richard, com grande entusiasmo disse a seguir:

— Quero conhecer Matthew o quanto antes. Convide-o para vir almoçar ou jantar conosco, ainda amanhã. Vou pedir para Rosaria preparar um de seus pratos tentadores, que tal?

— Ótimo!

A conversa se encerrou por causa dos latidos de James, o cão que eles haviam adotado. James começou a se agitar todo em torno de Richard anunciando que chegara a hora de seu passeio.

Pai e filha atenderam ao pedido do cão, prontamente. E foi um momento, como sempre, muito divertido para os dois, ou melhor, para os três.

No dia seguinte Matthew Palma foi até o hospital onde Samantha ficara internada para falar com a enfermeira Helen Adams de quem ficou amigo. Contou-lhe, com grande entusiasmo e alegria sobre a sua aproximação dele com Samantha.

— Ela é perfeita, Helen. Perfeita... — confessou Matthew à negra simpática.

— Incrível Matthew... — comentou Helen, boquiaberta. — Incrível o modo como você se apaixonou por essa jovem...

— É, não é? Infelizmente, por enquanto, ela não quer nada comigo, Helen, ainda ama o noivo...

— Ah, sim... Lembro-me dele... Mas segundo o Dr. Richard ele se casou com outra, não? Acreditou que Samantha nunca despertaria do coma. Ele a amava, Matthew... Qualquer um podia ver isso nos olhos dele, a visitava diariamente... Acho que chegou a visitá-la diariamente por um ano e meio. Na minha opinião, ele só se casou com outra por influência da família e de amigos.

— Ele pode ter amado Samantha, Helen, mas não como eu. Eu passei 5 anos da minha vida visitando Samantha semanalmente porque me apaixonei por ela mesmo sem conhecê-la, o que significa, a meu ver, um amor mais profundo. Você, mais do que ninguém sabe o quanto isso é verdade.

— Sim, Matthew, eu sei... Posso testemunhar a seu favor quanto a isso. Acho, sinceramente, que Samantha vai acabar se apaixonando por você. É só uma questão de tempo. Agora, se ela não se apaixonar, boba ela, eu fico com você. Dou um pé no traseiro do meu marido e rapto você para uma ilha deserta. *Meu,* você é um colírio para os olhos.

Os dois gargalharam.

— Oh, Helen... Helen... Eu amo Samantha Johnson. E nós ainda vamos nos casar, você vai ver.

— E quando isso acontecer, Helen, você vai ser a convidada especial do nosso casamento.

Helen, no seu bom humor de sempre, brincou:

— Se Samantha não se casar com você, ela será a convidada especial do nosso casamento.

O encontrou dos dois encerrou-se em meio a novas e gostosas gargalhadas.

Naquele mesmo dia, a família de Matthew notou o quanto ele estava feliz, irradiando bom humor e simpatia fora do comum. A mãe do rapaz comentou com a irmã:

— Matthew está assim por causa da tal moça que despertou do coma. Os dois finalmente estão saindo juntos.

— Inacreditável. — comentou a irmã. — Apaixonar-se por uma jovem em coma.

— O amor não tem uma receita certa para dar certo, minha cara.

— É verdade. Torço tanto para que meu sobrinho fique com essa moça, afinal, a história dos dois é quase um conto de fadas.

— Conto de fadas moderno, você quer dizer.

— Sim. Um conto de fadas moderno...

※

Rosária preparou o jantar especial para Matthew Palma com grande entusiasmo. Estava também muito ansiosa para conhecer o moço que se apaixonara por Samantha sem nunca ter ouvido sua voz, trocado ideias...

Matthew estava se sentindo um pouco envergonhado, quando chegou à casa de Samantha. Foi Richard quem o recebeu à porta.

— Boa-noite. O senhor deve ser o senhor Richard... — cumprimentou Matthew, um tanto sem graça.

— Sou, sim. E você é o rapaz que devido a minha ignorância afastei do hospital anos atrás?

Matthew sorriu.

— Desculpe-me. — completou Richard. — Agi precipitadamente, algo que segundo os especialistas sobre a vida, não devemos fazer nunca.

Os dois sorriram.

— Mas... — respondeu Matthew em sua defesa. — Por mais que o senhor tenha me assustado, eu continuei visitando Samantha só que num horário que nem o senhor nem a enfermeira Helen pudessem me ver.

— Você é um rapaz admirável. Um ser humano admirável. Quem já ouviu falar de alguém que se apaixona por alguém em coma?

Novo sorriso por parte de ambos.

— Queira entrar, por favor. — falou Richard, dando passagem para o moço entrar.

Nisso Samantha juntou-se a eles.

— Matt! Que bom que chegou.

Ela foi até o rapaz e o beijou.

— E então, papai, lembra-se dele?

— Sim, Sam. Lembro-me muito bem.

Rosária apareceu ali e pediu licença para falar:

— Eu tinha de ver com os meus próprios olhos o moço que se encantou pela jovem Samantha.

— Não sou mais jovem, Rosária! — observou Samantha com bom humor.

— Para mim é, sim. É na verdade aquela menininha que conheci quando vim trabalhar aqui. E vai ser sempre assim que vou vê-la.

Todos acharam graça. Samantha então fez as devidas apresentações:

— Matt, esta é Rosaria, trabalha conosco há mais de 15 anos. E este, Rosária, é Matthew Palma.

A mulher emocionada, falou:

— Muito prazer. É uma grande honra para mim conhecer um moço tão generoso como o senhor.

— É um prazer também conhecer você, Rosaria.

A mulher de riso largo, a seguir pediu licença para terminar de preparar o jantar. Enquanto isso, Richard e Matthew conversaram animadamente como se fossem velhos conhecidos. Samantha deixou-os à vontade, para que se conhecessem melhor e também para que o pai interagisse com alguém mais à vontade, algo que não fazia há tempos.

O jantar foi maravilhoso, terminou com todos cobrindo Rosária de elogios. Na hora de se despedir, Matthew usou mais uma vez de sinceridade:

— Foi uma noite formidável, Samantha. Sempre que estou ao seu lado, tudo é formidável. Obrigado por existir.

— Obrigado você, Matthew, por existir.

Os dois se beijaram.

Matthew partiu sentindo-se feliz, mais uma vez por estar ao lado de Samantha, amando-a cada vez mais. Desejando, em pouco tempo, casar-se com ela. Ter filhos e ser feliz na medida do possível até que a morte os separasse. Se é que a morte separa alguém de fato!

Dias depois, Samantha encontrava novamente o pai sentado de frente para o computador, navegando pela internet.

— Papai, não vai me dizer que você está pesquisando na internet, novamente...

— Sim, Sam. Estou.

— Papai, por favor. Nós já falamos a respeito das graves consequências que esse desejo de vingança trará para você e, consequentemente, para mim. Esqueça isso, papai, por favor.

— Eu nunca vou sossegar enquanto não encontrar o assassino de sua mãe, Sam. Nunca!

— Papai, por favor!

— Eu já tentei esquecer, Sam, juro que tentei, mas não consigo. Portanto, só me resta...

Richard não conseguiu completar a frase, um choro súbito e desesperador cortou sua fala agressiva ao meio. Richard se encolheu até se agachar e se sentar ao chão. De longe, parecia uma criança chorando, desesperada.

Samantha foi até ele e o consolou. Aos soluços Richard voltou a falar:

— Aquele desgraçado tirou sua mãe de mim, Sam e, por pouco não tirou você também. Você acha justo que ele fique impune?! Ele tem de pagar pelo que nos causou, filha.

Samantha respirou fundo e disse o que já não podia mais conter dentro de si:

— Aquele desgraçado, como você o chama, papai, já pagou pelo que nos fez. Seu nome é Joseph Eliot.

Richard voltou os olhos, vermelhos, lacrimejantes, ardendo de revolta e desespero para a filha.

Samantha fez o pai se levantar, olhar bem para ela e com muita calma contou a ele, o mesmo que havia contado a Matthew Palma, semanas atrás. Tudo a respeito do jovem que assaltou a casa deles naquela noite para poder conseguir dinheiro para continuar alimentando o seu vício.

O rosto de Richard estava transformado ao término da narrativa. Havia um misto de horror e perplexidade desfigurando sua face. A frase seguinte da filha o deixou ainda mais abobado.

— Papai, eu perdoei a Joseph Eliot.

— C-como pôde? — perguntou Richard com voz engasgada. — C-como pôde perdoar ao infeliz que matou estupidamente sua mãe?

— Ora, papai, lembrando que nós não somos perfeitos. Ninguém é. Tentamos ser, mas nem sempre conseguimos. Somos fracos diante de certas coisas, tal como bebidas alcoólicas, comidas gordurosas, calóricas, prejudiciais à saúde, drogas, sexo inseguro e mecânico, ego e vaidade prejudicial, futilidades... Somos fracos, sim. Por isso que Jesus perguntou àqueles que queriam apedrejar Maria Madalena: quem não tiver pecado que atire a primeira pedra e todos recuaram.

"Papai, por favor, repito. Se fizer algo contra Joseph Eliot estará fazendo algo contra mim e eu não mereço viver mais distante de você e nem você de mim. Não quero vê-lo na cadeia, não, papai. Não mesmo! Chega de sofrer!

Richard passou a mão pelo rosto, enxugou o pranto e disse com suspeita tranquilidade:

— Acalme-se, *honey*. Nada mais vai nos separar.

Samantha preferiu confiar nas palavras do pai.

✤

Nos dias que se seguiram, Richard Johnson procurou esquecer o que havia descoberto. As palavras da filha, volta e meia, se repetiam em sua mente.

Ainda assim, ele preparou a arma que fora do pai, herança que lhe foi deixada, para que ele se protegesse, caso um dia fosse necessário. Richard nunca a havia usado para nada, nem sequer tocado nela, mas agora queria deixá-la apta para atirar, caso fosse preciso.

Depois de muito lutar contra a vontade de ir atrás do assassino da esposa, Richard acabou cedendo. Localizou Joseph Eliot pela internet por meio de uma rede social, a qual ajudou e muito a encontrar o endereço dele. Pronto, agora ele tinha o endereço de quem tanto quis encontrar nos últimos dez anos. Faltava agora, apenas acertar as contas com o indivíduo.

Como nunca mais tocou no assunto com a filha, Samantha não suspeitou, em nenhum momento o que o pai estava planejando fazer.

❦

Quando Richard parou o carro em frente à casa de Joseph Eliot, ele estava trêmulo e suando frio. Tentou se acalmar, mas sem sucesso, a ansiedade não lhe permitia. Finalmente chegara o dia de ele acertar as contas com aquele que desgraçou sua vida, ele aguardara por aquele momento por dez longos anos. Agora, finalmente, justiça seria feita e por suas próprias mãos como ele tanto ansiava. Antes de sair do carro, estacionado no meio fio em frente à residência do moço, Richard olhou novamente para a arma em suas mãos. Uma relíquia de seu pai. Então, subitamente, lembrou-se de algo que seu pai sempre lhe dizia e que ao longo dos anos se esquecera.

"Nunca se esqueça, Richard. O inverno nunca será triste se você aprender a fazer coisas que o tornem alegre. Nada nunca será triste, se você se dispuser a combater a tristeza com uma boa dose de alegria."

Ele ainda podia ver, como se a cena tivesse ocorrido há apenas um dia atrás: o pai sorrir ao ouvi-lo dizer: "Eu não esquecerei, papai. Prometo!"

Os olhos de Richard se encheram d'água ao dizer:

— Eu não cumpri a promessa, papai. Desculpe-me. E agora estou aqui para acertar as contas com um assassino... Oh, papai, o que o senhor faria se estivesse no meu lugar? Se tivesse passado o que eu passei?

Richard quis muito ouvir a resposta mas tudo que ouviu foram as vozes da revolta e do ódio ecoando dentro dele. Restou-lhe, então, apenas sair do veículo e seguir até a casa de Joseph Eliot. Sem mais delongas, bateu a porta. Silêncio. Parecia não haver ninguém em casa. O coração de Richard disparou. Engano. Havia sim alguém ali, que logo abriu a porta e disse:

— Pois não?

Richard ficou sem palavras diante do rapaz de quase trinta anos sentado na cadeira de rodas.

Joseph Eliot tornou a perguntar:

— Pois não? Posso ajudá-lo em alguma coisa?

Richard limpou a garganta e disse:

— Você é Joseph Eliot?

— Sim. Eu mesmo.

— Posso entrar?

Ainda que em dúvida, o rapaz deu passagem.

— O que o trás a minha casa, meu senhor?

Richard não respondeu, ficou olhando, como que paralisado, para o moço paraplégico por um longo minuto. Só então rompeu o silêncio, perguntando:

— Você não se lembra de mim?

Joseph Eliot olhou com mais atenção para Richard.

— Sinceramente... — o moço parou. A expressão de seu rosto mudou, os olhos se arregalaram, os lábios se entreabriram. O tom de voz era outro quando disse:

— O senhor... o senhor é...

— Exatamente quem você está pensando. Richard Johnson. Eu morava na mesma quadra em que você e seus pais moravam há dez anos atrás. Sou o marido da mulher que você assassinou. Pai da jovem que por sua causa ficou dez anos em coma.

O horror tomou conta da face de Joseph. O nó na garganta o impediu de dizer mais alguma coisa. Richard prosseguiu:

— Você sabe o que foi para mim perder a minha esposa adorada? Voltar para a casa e encontrá-la entre a vida e a morte? Vê-la morrer, horas depois, na minha frente e não poder fazer nada?! Consegue imaginar o que senti ao ver minha filha em coma por dez anos, com os médicos *buzinando* no meu ouvido para que eu fizesse uma eutanásia? Ver o noivo dela, o rapaz que ela tanto amava perder a esperança de que ela voltasse a vida e se casasse com outra?

"Faz ideia do quanto foi difícil para mim contar para a minha filha, quando ela despertou do coma, que a mãe dela estava morta há dez anos, dez longos anos e que o homem da vida dela havia se casado com outra mulher? Sabe o que eu senti, meu caro? Uma dor tamanha, infinda, horrível.

"Depois da morte da minha esposa eu quis morrer, só me mantive vivo por causa da minha filha, mas se ela não tivesse sobrevivido, eu morreria de desgosto, mas não antes de acertar as contas com você, seu canalha, imundo, drogado, assassino, que não causou danos somente a minha família, mas a sua própria. Você é um equívoco da natureza. Não deveria jamais ter sido concebido."

Richard tomou fôlego, antes de continuar:

— Eu fiquei durante esses dez anos da minha vida procurando descobrir quem fizera aquela barbaridade com minha esposa e filha, queria descobrir a identidade do desgraçado para dar a ele o que ele merecia. Infelizmente a polícia nunca conseguiu uma pista, tampouco eu. Foi Samantha, minha filha quem me contou, depois de eu prometer a ela que nada faria contra você, a sua verdadeira identidade.

"O mais absurdo em tudo isso é que ela lhe perdoou. Foi capaz de perdoar-lhe mesmo depois dos danos que você nos causou."

A voz rouca e emocionalmente abalada de Joseph soou a seguir:

— O que o senhor quer de mim, senhor Richard?

— Justiça. Quero que justiça seja feita.

O moço preso à cadeira de rodas, respirou fundo e falou:

— Então faça justiça, senhor Richard. Vamos, agora, não prolongue mais o seu martírio nem o meu.

Richard, tremendo por inteiro, aproximou a arma da fronte do paraplégico, sentindo-se disposto a atirar.

Nisso ouviu-se o choro de uma criança ecoar pela casa. Richard voltou os olhos para a porta que ligava o corredor à sala. Joseph explicou:

— É minha filha.

Richard inspirou o ar, com força suprema. Joseph Eliot fez um pedido muito sério a seguir:

— Antes de fazer justiça, senhor Richard. Deixe-me apenas despedir-me dela, por favor.

Richard assentiu com a cabeça e seguiu o moço até o quarto da menina. Quando lá, Joseph pediu a Richard:

— O senhor pode pegá-la do berço para mim, por favor?

Richard atendeu o pedido no mesmo instante, prendeu a arma na cintura e pegou a doce criatura, de olhos vivos, lindos e a colocou nos braços do pai.

Joseph Eliot, entre lágrimas, abraçou a filha e disse:

— Papai a ama muito, Geórgia. Muito mesmo.

— O que foi que disse? — perguntou Richard, perguntando-se havia ouvido certo.

O moço repetiu:

— Disse que a amo muito, senhor Richard. Como o senhor ama sua filha.

— O nome da criança? Qual é o nome dela? Você disse Geórgia, foi isso?

— Sim, senhor. O Nome dela é Geórgia. Era para ser Érica, mas na última hora optamos por Geórgia. Tive um sonho na noite anterior ao nascimento dela. Neste sonho eu me vi com minha filha, só que ela já era moça, numa época antiga, e seu nome era Geórgia. Eu achei um sonho muito curioso, um daqueles para se refletir, sabe... Então, assim que acordei, sugeri a minha esposa que o nome do bebê fosse Geórgia e ela aceitou.

Richard, pensativo, comentou:

— Geórgia era o nome da minha esposa, sabia?

— Havia me esquecido.

O silêncio permaneceu no quarto enquanto Joseph Eliot despedia-se da filha. Por fim, ele, rosto todo riscado de lágrimas, falou:

— O senhor pode devolvê-la para o berço, por favor.

Richard, quando pegou a criança novamente nos braços sentiu seu peito se incendiar de emoção. O pranto, contido até então irrompeu de seus olhos, e ele, emocionado abraçou a criança externando afeto e compaixão.

— Ela é adorável. — comentou.

— É, não é? Infelizmente, minha filha nunca poderá sentir orgulho de mim como sua filha sente a respeito do senhor, pois eu não valho nada.

Após um breve silêncio, Richard recolocou a menina no berço. Joseph, então, disse:

— Vamos, senhor Richard, vamos acabar com isso de uma vez por todas.

Ao chegarem à sala, Joseph repetiu o que dissera há pouco:

— Vamos, meu senhor, faça justiça, a justiça que há tanto tempo anseia por fazer.

Richard baixou os olhos e chorou, sentido, como uma criança chora quando descobre a morte do pai ou da mãe. Em meio ao pranto, falou:

— V-você destruiu a minha vida... Eu ansiei por esse nosso encontro dia e noite, noite e dia, por dez anos, dez longos anos e agora... Agora que estou na sua frente, percebo que de nada vale fazer justiça, a justiça que tanto almejei não pode reverter o passado, trazer de volta a esposa que tanto amei e ainda amo. Apagar os dez anos em que minha filha adorada ficou em coma e as consequencias que ela teve por isso.

"Se eu fizer contra você a justiça que acredito que você merece ter, sua filha, no futuro, vai pensar de mim o mesmo que eu penso de você hoje. Ainda que saiba que você merecia morrer pelo que fez, ela ainda sim pode se revoltar e me odiar como eu o odeio. Eu não quero que ninguém mais sinta o ódio que sinto por você, porque ninguém mais neste planeta merece sofrer o que sofri."

— Faça justiça, senhor Richard. — insistiu Joseph. — Vamos, eu mereço. Poupe-me, de uma vez por todas, da consciência pesada, do sentimento de culpa e fracasso que me corrói por dentro até a alma. Vamos, por favor.

Richard guardou a arma, enxugou os olhos e disse:

— Adeus, Joseph. Nunca mais quero vê-lo. Que tolo fui eu em permitir que minha mente ficasse por tanto tempo preso a alguém como você.

— Senhor Richard...

Richard não mais respondeu. Abriu a porta e deixou a casa.

— Senhor Richard, espere! — gritou Joseph, rompendo-se em lágrimas. — Espere!

Richard continuou caminhando, entrou no carro e partiu.

Quando Laura, esposa de Joseph Eliot voltou para a casa, assustou-se ao encontrar o marido com os olhos vermelhos de tanto chorar, o rosto embolado, riscado de lágrimas.

— Joseph, o que houve? — perguntou, alarmada.

Joseph Eliot com grande dificuldade, contou-lhe tudo o que se passou entre ele e Richard e o motivo que o levou até lá para matá-lo.

Diante do ar assustado da esposa, Joseph Eliot comentou:

— Eu sou um calhorda... sou bem mais do que isso, Laura. Sou um assassino. Um assassino! Entende? Que orgulho minha filha vai ter de mim quando souber que sou um assassino? Quando souber que matei uma mulher maravilhosa e deixei uma jovem linda, que sempre fora simpática comigo, em coma por dez anos? Um coma que mudou o seu destino drasticamente.

"Olhe para mim, Laura, bem fundo nos meus olhos e me diga se você ainda sente algo por mim além de repugnância?"

A esposa não sabia o que dizer. A revelação ainda a mantinha em choque. Joseph voltou a desabafar:

— Eu sou um erro da natureza. Uma aberração. O senhor Richard tem razão ao dizer que eu jamais deveria ter sido concebido.

Laura Eliot mantinha-se quieta.

— O que você faria se estivesse no meu lugar, Laura? Entregar-se-ia à polícia, não? É o que vou fazer. Talvez nem seja preciso, você própria, depois do que acaba de descobrir a meu respeito me entregará à polícia se eu não fizer, não é mesmo? Eu a compreendo. Talvez eu fizesse o mesmo se estivesse no seu lugar.

O silêncio caiu pesado entre os dois, somente minutos depois é que Laura deu sua opinião a respeito de tudo.

— As drogas, o vício... Foi isso que acabou com a sua vida, Joseph, e causou tanto dano a terceiros. Danos irreversíveis. Se as pessoas, os jovens, principalmente, pudessem compreender os perigos que as drogas representam para eles, se eles pudessem antever, como numa bola de cristal os danos que terão e causarão àqueles que o cercam se consumirem drogas, quem sabe não as evitariam? Por outro lado, pergunto a mim, a você e à vida: por que muitas pessoas são fracas diante das drogas, do alcoolismo e de outros vícios? Por que outros são tão fortes e sabem bem se proteger desses malefícios? Deve haver um porquê.

— Você não me disse, ainda, o que pensa agora a meu respeito. Deve estar sendo um choque para você saber que dorme há quase dois anos com um assassino, não? Que o pai da sua filha é um assassino.

— Estou abalada, com certeza, Joseph, não é para menos, mas o amor que sinto por você, ainda existe dentro de mim, ainda é muito forte e grandioso.

— Oh, Laura. Se não fosse você, a minha vida seria um caos completo. Nunca teria descoberto o amor, a compaixão, a doçura... Você foi uma bênção na minha vida, que me proporciona momentos que eu não mereço jamais.

"Desculpe-me por decepcioná-la. Como eu decepcionei os meus pais. Só não quero decepcionar a minha filha. Quero que ela sinta orgulho do pai dela. Por isso vou fazer o que é certo, vou me entregar à polícia e enfrentar a punição que me cabe."

— Você tem uma filha para criar, Joseph. Não se esqueça disso. Geórgia o ama.

— Geórgia... — murmurou ele. — Geórgia era o nome da mulher que assassinei. Que coincidência, não?

— Sim. Uma tremenda coincidência. — concordou Laura, pensativa.

Houve uma breve pausa, até que Joseph dissesse em tom decidido:

— Está decidido: amanhã vou fazer algo que faça a minha filha sentir orgulho de mim no futuro. Vou me entregar à polícia.

Laura reflexiva, respondeu:

— Faça o que o seu coração mandar, Joseph. Somente o que o seu coração mandar...

— Se eu for condenado, você cuida da nossa pequena Geórgia?

— Deus queira que você não seja, Joseph. Você se redimiu nos últimos anos, está procurando se tornar uma pessoa melhor, o que é admirável. Eu o admiro muito, Joseph, por isso me casei com você.

As palavras da esposa tiraram novas lágrimas do homem de quase trinta anos de idade completo.

— Eu fui um estúpido, um cretino em tornar-me um dependente de drogas, Laura. Todo mundo sempre me aconselhou a dizer não às drogas e, mesmo assim, eu deixei que elas fizessem a minha cabeça.

— Você não tinha maturidade suficiente na época, meu amor, para reagir diferente. Se tivesse, certamente não teria se deixado ser convencido por colegas mal intencionados a usar drogas e se viciar nelas. Talvez você tenha achado o mesmo que todo adolescente acha: que não se viciaria jamais se experimentasse. Que as usaria uma vez ou outra sem se viciar, como muitos acreditam, mas que depois acabam descobrindo a duras penas que uma vez experimentando drogas, torna se difícil abandoná-las.

— Se eu tivesse dito "não" às drogas eu não teria causado desgraça a ninguém.

— Infelizmente aconteceu o que aconteceu... Eu, particularmente acho que você poderia tirar melhor proveito de sua história. Dando depoimentos, palestras, escrevendo até mesmo um livro "alerta" para que os jovens não acabem como você, viciados em drogas, causando danos a terceiros como aconteceu.

— Eu, escrever um livro?

— Eu o ajudo. Seria muito importante publicá-lo, pois livros, acredito eu, têm o poder de transformar a vida das pessoas.

Joseph pareceu gostar muito da sugestão da esposa.

Richard voltou para casa em meio a um turbilhão de pensamentos. No meio do caminho, mudou de ideia e direção, rumou direto para o cemitério. Queria muito falar com a esposa e acreditava ser possível somente quando estava diante da lápide do local onde seu corpo havia sido enterrado.

Nem bem chegou ao cemitério, seu celular tocou. Era Samantha querendo saber onde ele se encontrava. Estava preocupada com ele, com um pressentimento estranho a seu respeito. Pela sua voz ao celular, Samantha sentiu que o pai precisava de apoio, por isso decidiu ir atrás dele. Matthew que estava com ela naquele momento foi quem a levou ao local.

Assim que Samantha avistou o pai de frente a lápide, ela o chamou. Richard, olhos vermelhos, rosto amargurado voltou-se para ela lentamente.

— Papai.

— Sam, você aqui?

— Pelo celular percebi que não estava bem, por isso vim.

O pai foi até a filha e a abraçou demorado. Então, choroso, desabafou:

— Eu não consegui, Sam. Não consegui.

— Não conseguiu, o que, papai?

— Vingar a morte de sua mãe.

Os olhos de Samantha arregalaram impulsionados pelo temor e pelo medo.

— Você não...

— Sim, Sam. Eu fui atrás de Joseph Eliot. Consegui o endereço dele pela internet, por meio de uma dessas redes sociais.

— Mas você jurou para mim que não faria...

— Mas eu fiz, filha. Não consegui me libertar do desejo louco de me vingar daquele desgraçado. Todavia, quando cheguei na casa dele e o vi naquela cadeira de rodas, confesso que meu coração amoleceu. Depois, quando vi sua filhinha, chamada Geórgia, por sinal, aí, então, percebi o quanto eu havia sido um tolo em ter ido lá, o quão tolo seria em me vingar, pois daria motivos a filha dele para me odiar também no futuro por ter matado o pai dela como eu pretendia fazer. Percebi que fora tolo também por dez anos, pois me mantive preso a esse homem, pelo menos em pensamento, o que nem ele nem eu merecia. Porque ele para mim não é digno de que alguém se lembre de sua pessoa e nem eu sou digno de me lembrar dele.

— Está vendo, papai. Foi isso que eu tentei explicar para você...

— Eu sei, Sam, desculpe-me por não ter levado um pouco mais a sério suas palavras.

— Sabe, papai, o senhor nasceu para salvar vidas, não para tirar vidas. Por isso tornou-se um médico.

O comentário surpreendeu Richard.

— Não foi somente você quem nasceu para salvar vidas, papai. Todos nós nascemos, cada um a seu modo. Aqueles que tiram vidas ao invés de salvar, matam, no fundo, a si mesmos, durante boa parte de sua existência ao longo da vida eterna, porque o outro no fundo, creio eu, é um derivado dele próprio.

O pai voltou a abraçar a filha, demorada e calorosamente. Ela, então, afagou os cabelos dele, procurando lhe transmitir calma. Minutos depois, disse:

— Agora vamos, papai.

Tomando a mão de Richard ela o guiou para fora do lugar, dizendo:

— Vamos voltar para a vida, papai. Como eu voltei. Chega de sofrer, chega de drama, chega de se fechar num casulo cheio de revolta e rancor. Chega!

"O que o senhor mais quis na vida nos últimos anos foi que eu despertasse do coma. Eu despertei. Agora o que mais quero da vida é que o senhor volte para a vida também."

— Não posso, Sam.

— Pode sim. Pode muito mais do que pensa. E o senhor vai fazer isso por mim e por minha mãe. E por você também.

"Eu despertei daquele coma, papai. Não só porque a minha missão de vida ainda não havia terminado, mas para incentivá-lo a deixar, abandonar de uma vez por todas, o fundo do poço em que você se encontra para voltar a brilhar sob o sol.

"A saudade da mamãe vai sempre existir dentro de nós, a esperança de um dia poder reencontrá-la, no Além, também. Vamos seguir em frente, de mãos dadas com a esperança, porque ela vai amenizar, de certa forma, a saudade e a ansiedade pela chegada desse dia."

Aquelas poucas palavras, talvez nem elas, somente a presença da filha, ali, ao seu lado, foram suficientes para derreter o ódio que Richard havia construído ao longo dos últimos dez anos.

De repente, a vida que lhe parecia uma ferida que, uma vez aberta, nunca se cicatrizaria, provocando uma dor infinda, começou a se fechar.

Colocando o braço por trás das costas do pai, Samantha acrescentou:

— Agora tire dos lábios esse sorriso triste. Isso mesmo, papai. Sorria... Sorria para a vida, para um novo começo...

Ao encontrarem Matthew, Richard o abraçou calorosamente e o agradeceu por tudo que ele vinha fazendo pelos dois. O moço, emocionado, ficou sem palavras.

O dia terminou com os três jantando em um restaurante delicioso em Chinatown.* Era o início de uma vida nova para Richard Johnson. O início, ou melhor, reinício que todo ser humano precisa se dar, vez ou outra, ao longo de suas reencarnações. Na verdade, reencarnar é reiniciar a vida que nunca foi interrompida, que segue um curso ininterrupto e infinito.

Enquanto isso, no Nosso Lar, Geórgia Geórgia comemorava a vitória alcançada por Richard. A libertação concedida pelo perdão.

— Estou feliz. — confessou a ela a seus amigos da comunidade. — Para mim, ver Richard voltando para a vida é uma grande vitória. É como se ele também tivesse ficado por dez anos em coma. Só que um coma tomado de ódio e revolta.

A observação do mestre de luz, foi bastante pertinente:

---

*Famoso bairro de San Francisco onde se concentram os imigrantes orientais. Local repleto de restaurantes que oferecem a típica e deliciosa comida chinesa. (N. A.)

— Nem sempre se pode tirar quem caiu no fundo do poço jogando uma corda ou uma escada, dizendo apenas "suba, por favor, suba!". Não. É preciso algo mais, é preciso estender-lhe a mão, no encontro de uma com a outra, o calor humano que se troca, dará força para o resgate do caos emocional.

— E essa mão acabou sendo estendida pela pequena Geórgia, filha do homem que Richard tanto quis se vingar. Surpreendente, não?

— A vida é surpreendente.

Houve uma breve pausa, até que Geórgia comentasse:

— Veja, como as flores do perdão, que plantei para Richard, cresceram lindas e perfumadas.

— Sim. O que prova que toda semente, toda intenção, todo gesto, todo bem, pode, para muitos, muitas vezes, demorar para crescer, mas um dia sempre cresce linda, viçosa e perfumada.

Todos concordaram e seguiram caminhando por entre o jardim das flores do perdão.

CAPÍTULO 16

Semanas depois, Samantha havia ido à fábrica de chocolate quando uma voz bem familiar chegou aos seus ouvidos:

— Sam... Samantha Johnson? — perguntou ele com um leve tremor na voz.

Samantha mudou bruscamente, quando ela virou-se e avistou Daniel Hartamann olhando com grande espanto para ela. Morando na mesma cidade, o encontro dos dois seria inevitável.

Numa voz pausada, Daniel perguntou:

— Samantha Johnson, é você mesma?

Levou quase um minuto para que ela respondesse a pergunta:

— Sim, Daniel. Eu mesma.

Os lábios de Daniel arroxearam-se e as palavras não conseguiram mais ser pronunciadas.

Os dois permaneceram cara a cara, olhos nos olhos, em silêncio por quase dois minutos.

— Sam, v-você aqui, que maravilha! — disse ele, enfim, sorrindo. Uma pequena risada infeliz. — E-eu nem tenho palavras para expressar o que eu estou sentindo... É emoção demais.

Outra vez ele riu envolto de amargura e alegria. Duas fortes emoções se entrelaçando uma a outra. A voz do moço de 32 anos soou embargada a seguir.

— Não sabe o que significa para mim vê-la recuperada. Linda e saudável como sempre foi. É felicidade demais para mim. Alegria demais!

Ele esperou que ela dissesse alguma coisa, mas ela manteve-se em silêncio. Daniel, então, tomou as rédeas da conversa:

— Quando foi que você despertou do coma?

— Há seis meses atrás.

— Por que não me avisou?

Os olhos dela responderam por ela. O sorriso de alegria dele, então, de repente, apagou-se e uma sombra de inquietação cobriu a sua face. Sem graça, disse:

— Então você soube.

Subitamente ambos tiveram a impressão de que um oceano os separava.

— Será que você pode entender o que me levou a casar, Sam? — perguntou Daniel, a seguir, com a voz embotada de tristeza.

Houve uma pausa apreciável antes que ela respondesse:

— É claro que sim, Daniel...

— Sei que lhe devo explicações, Sam...

— Não, Daniel, você não me deve nada.

— Devo, sim.

Os olhos dele encheram-se de água que viraram lágrimas a rolar por sua face.

— Se não se importar, eu queria muito um abraço seu.

Ela cedeu a sua vontade. Porque talvez quisesse, também, no íntimo, aquele abraço. Daniel Hartamann abraçou a ex-noiva com muito carinho e com muito tato, como se ela fosse feita de cristal. Ele estava comovido, ela também. Entre lágrimas, ele compartilhou com ela o que ia fundo em seu coração.

— Você não faz ideia do quanto estou feliz, hoje, Sam, por ver você recuperada, tão cheia de vida como antes.

— Obrigada. — respondeu ela com voz sumida.

Dessa vez ela não conseguiu conter as lágrimas.

Daniel, então, subitamente, teve uma crise de choro. De repente, nada mais em torno deles existia. As pessoas haviam se tornado invisíveis, as construções, os carros, as plantas, as árvores, tudo, enfim... Daniel derramava-se em lágrimas sem se importar com o que qualquer um pudesse pensar dele.

Samantha suspirava e limpava as lágrimas do nariz com as costas da mão.

— Ah, Sam...

Ele tornou a se lançar sobre ela, abrigando-se em seus braços, aos prantos, como se fosse uma criança desprotegida.

— *Me* perdoa Samantha? *Me* perdoa por não ter acreditado na sua capacidade de melhora? Na sua força interior e espiritual? Perdoa-me, por favor. Eu não posso voltar para casa sem o seu perdão. Eu não suportaria.

— Não há o que perdoar-lhe, Daniel.

— Há sim, Sam.

— Não, Daniel. Você fez o que fez diante da circunstâncias. Eu, se estivesse no seu lugar teria feito o mesmo.

— Você não! Você teria me esperado. Com toda a paciência do mundo.

Ela olhou com compaixão para o rosto dele, desesperado e nervoso e revelou o que ia fundo em seu coração:

— Você tem razão. Eu realmente teria esperado por você.

Um espasmo de dor convulsionou o rosto dele.

— *Me* perdoa, por favor. Eu lhe imploro.

Ela olhou fixamente para frente. Era como se estivesse decidido a não demonstrar qualquer emoção. Disse, em voz baixa:

— Eu perdôo *você,* Daniel, em nome de tudo que a gente viveu naqueles quatro anos de relacionamento.

A amargura que ela vislumbrou nos olhos dele partiu-lhe o coração. Igualmente quando ele lhe disse a seguir:

— Não importa se você me perdoa ou não. O fato é que eu jamais vou me perdoar.

A dor, o choque, o arrependimento transpassavam os poros de Daniel Hartamann agora, transformando o rapaz num moço de aparência triste e melancólica.

— Você vai se perdoar sim, Daniel. — falou ela em tom de ordem. — Se me quer bem, perdoe-se por mim.

O pedido tirou ainda mais lágrimas do moço.

Diante do novo silêncio, embotado de tristeza e melancolia, Samantha pediu àquele que tanto amou e ainda amava:

— Agora vá, Daniel. Por favor. Você tem sua casa, sua esposa...

Ele procurou se recompor, enxugou as lágrimas num lenço de papel e balançou a cabeça em sinal de concordância. Disse:

— Eu quero muito revê-la, se você não se importar. Se não podemos mais ser marido e esposa, quero pelo menos ainda ser seu amigo.

Ela assentiu, desviando os olhos para um outro local.

Ele beijou-lhe a face e partiu, calado e entristecido... Longe dali, parou, olhou para Samantha que permanecia parada no mesmo lugar, ergueu a mão e acenou para ela. Ela também acenou para ele, um aceno de adeus.

❦

Naquela noite, assim que Daniel chegou em sua casa, sua esposa percebeu que o marido estava diferente.

— Tudo bem? — perguntou ela, beijando-lhe, olhando com redobrada atenção para os seus olhos.

Daniel não respondeu, apenas sorriu. Foi direto para banho, algo atípico da sua pessoa. Ele ainda se enxugava quando Miriam entrou no quarto e, com jeitinho, comentou:

— Você me parece tão estranho hoje... Aconteceu alguma coisa no trabalho?

— Não.

A resposta de Daniel foi clara e precisa. Diante dos olhos atentos da esposa, ele achou melhor lhe contar a verdade.

— Você é realmente muito perceptiva, Miriam. Eu realmente estou assim, meio abestalhado, com essa cara de bobo, porque agora há pouco encontrei Samantha Johnson.

Miriam tentou disfarçar o impacto que a revelação lhe causou.

— Ela despertou do coma há seis meses. Olhando para ela, você não diz que ela passou o que passou... Ela está perfeita novamente, linda e saudável.

— Então é por isso que você está assim com esse brilho nos olhos...

— E não é *pra* estar? Eu pedi tanto a Deus que Samantha se recuperasse. Para mim, sua recuperação é um milagre. Você não imagina o quanto estou feliz.

Daniel foi interrompido pela entrada dos dois filhos no quarto, chamando alto pelo pai. Ele pegou o mais velho no colo, beijou e o abraçou e depois repetiu o gesto com o mais novo. Enquanto o pai e os filhos conversavam, Miriam se preocupava com o que o regresso de Samantha Johnson poderia causar ao marido.

Naquela noite, durante o jantar, Richard Johnson percebeu que a filha estava diferente. Havia uma cor a mais, colorindo sua face.

— Você está com um semblante tão bonito hoje, Sam. Tão sereno... Qual é a razão por trás disso?

Samantha ficou em dúvida se deveria ou não contar ao pai a respeito do encontro surpresa que tivera com Daniel naquela tarde. Seria melhor não, ao menos por hora.

Matthew Palma também notou algo de diferente na voz de Samantha, quando ela atendeu sua ligação naquela noite, para saber como ela tinha passado o dia e planejarem o fim de semana. Jamais passou por sua cabeça o verdadeiro motivo por trás da mudança. Se houvesse suspeitado de algo, teria ficado tão preocupado quanto Miriam Takamoto Hartamann ficou em relação ao marido.

❦

Desde o encontro com Samantha, Daniel Hartamann não conseguiu mais tirá-la do pensamento. Certo dia, sentindo-se incapaz de se concentrar no trabalho, pediu licença para sair mais cedo e foi direto para a casa de Samantha. Sua vontade era saltar do carro e correr até a porta da casa, tocar a campainha e falar com Sam assim que chegasse lá. Temeu, porém, que

Richard se irritasse com sua aparição repentina. Por isso, resolveu aguardar dentro do carro, na esperança de que Samantha saísse para dar uma volta e assim pudesse conversar com ela, a sós.

Assim que Richard saiu da casa para dar uma volta com o cão, Daniel aproveitou o momento para ir até a casa. Tocou a campainha e aguardou, ansiosamente. Quando Samantha o encontrou à porta, prendeu a respiração, de susto e surpresa. Não sabia dizer se estava alegre ou indiferente por sua visita repentina.

— Você não me parece feliz por me ver. — murmurou Daniel, entristecido.

— Meu pai, saiu há pouco.

— Eu vi.

— Se ele voltar e encontrá-lo aqui, ele vai ficar uma fera.

— Preciso falar com você, Sam.

— Não aqui, Daniel.

— Em que lugar, então?

— Você escolhe, por favor.

— Que tal Salsalito*? Você amava ir a Salsalito, lembra?

— Está bem. A gente se encontra lá!

— Que dia? Amanhã? A que horas? Pode ser à tarde? Eu dou um jeito de sair do emprego, invento uma desculpa.

— Está bem, amanhã à tarde, por volta das três. No lugar que a gente costumava ir. Ainda existe, não?

— Existe, sim. Obrigado. Até amanhã.

— Até amanhã, Daniel.

Na tarde do dia seguinte, precisamente as 14:48, Samantha chegou ao local combinado para se encontrar com Daniel. Ao vê-la, ele foi ao encontro dela e a tomou nos braços, apertando-a fortemente.

Soltou-a por um momento e abraçou-a novamente.

— Que bom que veio, Sam... Venha, vamos nos sentar ali.

O diálogo entre os dois começou com Daniel querendo saber com detalhes a respeito do dia em que ela despertou do coma. Depois de ela sanar sua curiosidade, ele perguntou:

— Lembra-se de quando éramos namorados? Dos passeios que a gente fazia? Dos chocolates que adorávamos saborear ao luar?

Ele, sem maldade alguma, segurou a mão dela e subitamente a beijou.

Ela recolheu a mão no mesmo instante. Lentamente, abaixou a cabeça e disse:

— Por favor, Daniel.

O moço disse num ímpeto:

— É tão duro para mim a nossa realidade quanto é para você, Sam. Porque eu ainda a amo.

As palavras dele pegaram Samantha de surpresa. Daniel prosseguiu:

— Nunca a deixei de amar, Sam... Você me conhece o suficiente para saber que estou dizendo a verdade.

Ele olhou para a moça com os olhos reluzentes e acrescentou, excitadamente:

— Se tudo pudesse ser como a gente sempre quis...

Samantha mirou fundo nos olhos dele e perguntou:

— Você me ama ou sente pena de mim, Daniel? Por tudo o que me aconteceu?

— Pena de você, Sam? Não! Sinto orgulho, admiração por você! Muito orgulho e admiração. Acredite-me!

Endireitando o corpo e sorrindo divinamente apaixonado para ela, ele completou:

— Parece até que foi ontem que a gente se conheceu na fábrica de chocolate... Lembra?

Ela o interrompeu com delicadeza para lhe perguntar:

— Você teve filhos?

— S-sim, dois meninos. Dois garotos adoráveis. Foi o melhor que me aconteceu nos últimos tempos.

— E sua esposa?

— Miriam? Ela é uma grande mulher. Compreensiva, amorosa, boa mãe...

— Você é feliz com ela?

— Com sinceridade? Eu tento ser feliz com ela, Sam. Não custa tentar, não é mesmo?

Ela assentiu com seus olhos bonitos.

— Eu só me casei, Sam, porque todos me aconselharam a seguir em frente, casar e ter filhos, mas... Agora que a reencontrei, descobri que os meus sentimentos por você ainda são os mesmos de 10 anos atrás. De repente, é como se esses dez anos nunca tivessem existido.

— É tarde demais para nós dois, Daniel. Você está casado com filhos e eu...

— Você tem alguém?

— Há um rapaz...

Samantha contou resumidamente como ela conheceu Matthew Palma.

— Você gosta dele?

— Ele é um *cara* legal.

— Eu perguntei se você gosta dele?

— Gostar é algo que brota com o tempo, Daniel.

— No nosso caso foi imediato, lembra? Não precisou mais do que algumas horas para que a gente se descobrisse, amando um ao outro.

— Cada um, uma história.

— Cada dois, você quer dizer.

— É... Cada dois...

As palavras cessaram temporariamente. Restou apenas o silêncio entre os dois e as ondas do amor que nunca morreu, vibrando em seus corações.

— Você se importa de andar um pouco comigo?

— Andar?

— Sim. Ao longo da praia, que tal?

— Vamos.

Do local em que eles estavam dava para ver Alcatraz*. Daniel, então, fez uma comparação:

— Eu me sinto como se estivesse preso numa cela asfixiante de Alcatraz, pagando por um crime que não cometi. Querendo fugir dali, sem saber como...

Nisso o celular de Samantha tocou. Era Matthew querendo saber dela. Após breve diálogo, os dois se despediram carinhosamente.

— Então existe mesmo esse *cara*. — comentou Daniel com certa acidez.

— Existe. — afirmou Samantha enfrentando o seu olhar. — Ele me pediu uma chance e estou lhe dando.

Num tom de revolta, Daniel observou:

— Deus meu... o que o destino fez das nossas vidas é revoltante para mim.

— Daniel, eu lhe peço, não se revolte contra a vida, já basta meu pai.

O moço não soube mais o que dizer.

— É melhor a gente manter distância um do outro. Para que...

— É isso mesmo que dita o seu coração, Sam?

— É o que dita a razão, Daniel. Ela, em certos momentos, é mais sábia do que o coração.

❦

Depois do encontro com Samantha, Daniel foi até a casa da mãe para pô-la a par dos últimos acontecimentos.

— Filho, você aqui? Que surpresa boa... — exclamou Isadora Hartamann ao ver Daniel entrando na casa. — Eu...

Daniel foi direto ao que vinha.

— Samantha Johnson despertou do coma, mamãe. Faz seis meses. Nos encontramos, por acaso, na fábrica de chocolate, a mesma onde nos conhecemos em 1997.

Isadora Hartamann estava boquiaberta. Para ela, Samantha Johnson havia morrido há anos.

— E daí? — perguntou Isadora, reassumindo seu modo rígido de lidar com surpresas.

— E daí o que, mamãe?!

— E daí que Samantha despertou do coma?!

— E daí, mamãe, que desde que me encontrei com ela, ando confuso. Não consigo tirá-la da cabeça.

— Pois trate de tirá-la o quanto antes! E pense nos seus filhos, Daniel!

A resposta de Daniel soou na mesma altura e no mesmo tom ríspido da mãe:

— Filhos que vão crescer e seguir o rumo da vida deles.

Isadora Hartamann estava visivelmente transtornada, revoltada seria a melhor palavra para descrever seu emocional (estado). Todavia, ela procurou abrandar a voz. Num tom de súplica falou:

— Filho, você tem uma esposa amorosa e presente...

— Ela é tudo isso e muito mais, mamãe, mas... ela não é Samantha, nunca foi nem nunca será.

— Você vai destruir um lar por causa daquela moça?

— Aquela moça tem nome, mamãe. Samantha.

— O que você teve com ela não passou de um namorico... uma paixão de adolescente...

— O amor meu e de Samantha foi muito mais que uma paixão de adolescente, mamãe, e a senhora sabe disso!

— Não, Daniel, não sei! O que sei é que você hoje é um homem casado e pai de dois filhos.

— Eu só me casei porque a senhora insistiu.

— Porque eu queria o seu bem, Daniel! Não queria vê-lo estragando a sua vida, a sua felicidade por causa de uma moça que tudo levava a crer que jamais voltaria à vida.

Daniel ficou por alguns segundos observando a mãe, atentamente, vigiando cada traço de seu rosto. Não havia nenhum indício de culpa ou consternação diante do seu modo frio de tratar o assunto.

A frase seguinte de Isadora também doeu fundo em Daniel.

— Essa moça, outra vez atrapalhando a sua vida, Daniel. Que carma... Entre lágrimas, o filho se defendeu:

— Samantha nunca atrapalhou a minha vida, mamãe.

— Atrapalhou, sim.

— Como a senhora pode ser tão fria e insensível?

— Sou realista, Daniel, é diferente. Preocupo-me com você, com a sua felicidade, como toda mãe que ama o filho se preocupa.

— Agradeço a sua preocupação. Já sou bem grandinho para cuidar de mim mesmo.

— Um filho nunca cresce para uma mãe. Ele nunca se torna autossuficiente, ainda que o seja é sempre bom ter a mãe cuidando dele.

Filho e mãe se silenciaram por instantes. Foi a pergunta de Daniel que rompeu o silêncio.

— A senhora é feliz, mamãe? Digo, ao lado do papai?

— Na vida nem tudo são flores, Daniel.

— Eu perguntei se a senhora é feliz...

— Na medida do possível... — respondeu ela rapidamente, com um traço de veneno na voz.

— Eu também sou feliz na medida do possível.

A mãe moveu os lábios, mas as palavras não tiveram força suficiente para serem ditas.

— Eu já vou indo. — disse Daniel, tomando o rumo da porta.

— Daniel! — alertou a mãe. — Não vá fazer nenhuma besteira, pense em seus filhos.

— Até mais, mamãe.

— Daniel!

O filho deixou a casa sem dizer mais nenhuma palavra. Isadora Hartamann ficou olhando, pela janela da sala, que dava para a rua, o filho tomar o carro e partir. Seu coração batia agora acelerado em seu peito.

Na manhã do dia seguinte, Miriam T. Hartamann recebeu uma ligação da sogra. Isadora Hartamann estava ansiosa para falar com a nora a respeito dos últimos acontecimentos.

— Ah, dona Isadora, estou tão preocupada com tudo isso. Daniel não é mais o mesmo desde então. Anda me evitando, nem sequer olha mais nos meus olhos.

— Acalme-se, querida. Nós vamos dar um jeito nessa situação. Ou melhor, você mesma é quem vai dar um jeito nessa situação.

A seguir, Isadora disse à nora o que ela precisava fazer para proteger e preservar o seu casamento.

No dia seguinte, logo pela manhã, Miriam Hartamann fez o que a sogra lhe pediu. Foi até a casa de Samantha, falar com ela. Assim que foi recebida à porta pela moça, Miriam falou:

— Samantha?

— Sim.

— Como vai? Meu nome é Miriam. Miriam Hartamann.

— Ah, você é a esposa de Daniel.

— Eu mesma. Você tem um minutinho para mim? O que tenho a lhe falar é muito breve.

— Diga.

— Eu vim lhe pedir, encarecidamente, que se afaste do meu marido. Se ele vier procurá-la, por favor, evite-o. Eu sinto muito por tudo o que aconteceu a você. A vocês, na verdade, mas entenda, procure ver o meu lado nessa história. Eu amo Daniel. Temos dois filhos pequenos para criar. Os meninos precisam de um pai presente, dentro de casa, você sabe...

— Sim, eu sei. — concordou Samantha com dignidade.

— E então, posso contar com a sua colaboração?

— Pode. — afirmou Samantha sem titubear. — Nunca mais você vai ter de se preocupar com isso. Você pode estar certa disso.

— Obrigada pela sua compreensão. Obrigada mesmo.

Antes de partir, Miriam tornou a repetir:

— Eu sinto muito por tudo o que lhe aconteceu. A vocês, na verdade, mas entenda, procure ver o meu lado nessa história. Eu amo meu marido. E ele tem dois filhos comigo para criar.

Sem mais, Miriam Hartamann partiu.

Assim que Samantha entrou na casa, ligou para o celular de Daniel.

— Sam?! — atendeu ele, empolgado. — Que surpresa agradável. Se eu posso me encontrar com você? É lógico que sim. Quando, onde, a que horas? Estarei lá, então.

A ligação e o convite deixaram Daniel novamente muito feliz. Mal podia esperar pelo encontro. Chegou ao local combinado com pontualidade britânica. Foi logo dizendo:

— Adorei você ter me ligado, sim. Não sabe o quanto isso me deixou feliz, eu...

A voz dela se sobrepôs à dele:

— Eu o chamei aqui, Daniel, porque tenho um pedido muito sério a lhe fazer.

O rapaz arrepiou-se diante do tom severo de Samantha.

— Falando neste tom, comigo, você me deixa preocupado. Diga logo o que é?

— Vim aqui lhe pedir, encarecidamente, que não me procure mais. Por favor. É pelo nosso próprio bem.

— Minha mãe a procurou para pedir que se afaste de mim, foi isso, não?

— Não, Daniel. Não foi nada disso. Eu mesma tomei essa decisão, sozinha. Guiada por meu bom senso.

— Será que você não percebe, ainda não compreendeu que eu a amo? Que o amor que eu sentia por você ainda está aqui, dentro de mim, vibrando em meu peito?! Que está sendo muito difícil para mim encarar esta situação?!

"Uma tragédia nos afastou por quase dez anos, agora, você quer impor uma barreira intransponível entre nós dois, você acha isso certo, Samantha?"

Samantha não soube o que responder.

— Por favor, Sam...

— Você tem dois filhos para criar...

— Eu não vou abandoná-los jamais. Quando forem adultos e souberem da nossa história eles irão me compreender e me apoiar. Estou certo disso.

Sem ver outra escolha, Samantha fez uso de uma mentira.

— Matthew me pediu em noivado, nem ele nem eu vemos necessidade de ficar namorando por mais tempo. Vamos nos casar o mais breve possível.

— Sam...

— Adeus, Daniel... E, por favor, nunca mais me procure.

Sem mais palavras ela partiu deixando Daniel Hartamann ali, sentindo o seu coração se despedaçar.

※

Miriam assustou-se ao ver o marido entrando na casa, cabisbaixo, evitando os filhos que tanto amava.

— O que houve, Daniel?

Ele ouviu a pergunta, mas não respondeu.

— Diga alguma coisa, por favor.

— Você por acaso foi falar com Samantha Johnson? Pediu a ela para se afastar de mim?

Miriam não soube o que responder. Quis dizer "não", mas sabia que sua resposta soaria falsa.

— Então foi você mesma, eu logo pensei que fosse.

— Não tive escolha, Daniel. Foi a única forma que eu encontrei para salvar o nosso casamento. Fiz isso por mim e pelos nossos dois filhos.

— Eu não aprovo o que fez, mas compreendo seus motivos.

— Estou confusa, Daniel... Muito confusa depois de tudo isso...

— E eu, Miriam? Como acha que estou me sentindo? Minha cabeça está um caos, eu me sinto um caco. Eu não esperava por este reverterio do destino, Miriam, não mesmo.

— O que você pretende fazer?

— Eu não sei.

— O que você faria se estivesse na minha situação?

— O que é sensato. Ficaria com a mulher dos seus dois filhos porque tanto ela quanto eles precisam de você ao lado deles.

Miriam não conseguiu continuar, um pranto agoniado calou-lhe a voz. Daniel também chorou. Então, foi até ela, tocou seu rosto e disse:

— Eu gosto muito de você, Miriam. Muito mesmo. Mas não como amo Samantha. Nunca escondi de você o amor que eu sentia por ela.

— Não, você sempre deixou bem claro. Só que eu, boba, acreditei que você viria a gostar de mim da mesma forma, que viesse a me amar como eu o amo.

— Eu sinto muito.

— É só isso o que você sabe dizer, Daniel? Eu sinto muito, eu sinto muito?!

Ela afastou-se dele e começou a andar de um lado para o outro, mergulhando as mãos nos cabelos lisos, num gesto desesperador e controlado.

— Por que essa moça tinha de assombrar a nossa relação? Por quê? Eu me pergunto e não consigo encontrar a resposta. Ela parece para mim como um fantasma, pavoroso. É revoltante para mim.

— Calma, Miriam.

— Calma?! Não tenho calma, não! Só lhe digo uma coisa, Daniel, se você se separar de mim para ficar com aquela moribunda, você nunca mais viverá ao lado dos seus filhos, eu me mudo para a casa dos meus pais em Detroit, o que vai complicar bastante as coisas para você.

— Você não faria uma coisa dessas, você sabe o quanto eles são apegados a mim e eu a eles.

— Farei. Se você se separar de mim, farei muito mais do que isso. Porei seus dois filhos contra você.

— Você não teria coragem, Miriam.

— Você não me conhece suficientemente bem para saber até onde vai a minha coragem e determinação.

Sem mais, Miriam Takamoto Hartamann deixou o aposento. Daniel ficou ali, sentindo-se ainda mais confuso do que já estava.

Naquela noite, mais uma vez, eles dormiram em quartos separados.

No dia seguinte, assim que teve oportunidade, Miriam Takamoto Hartamann ligou para a sogra. Assim que Isadora permitiu, ela expôs a conversa franca que tivera com o marido no dia anterior.

Diante da situação cada vez mais tempestuosa entre o filho, a esposa e Samantha, Isadora Hartamann decidiu ela mesma tomar as rédeas da situação. Pegou o carro e foi até a casa de Samantha ter uma conversa com ela. Assim que se viu frente a frente com o moço, disse, no seu tom mais ácido:

— Vim até aqui não para lhe pedir, mas para ordenar a você que se afaste do meu filho de uma vez por todas.

— Eu já me afastei, dona Isadora. Fiz exatamente o que a esposa dele me pediu, o que mais a senhora quer que eu faça? Que eu morra?

— Teria sido bem melhor.

Com o dedo indicador da mão direita apontando para o nariz de Samantha, Isadora Hartamann falou:

— Escuta aqui, garota! Eu não vou permitir que você estrague mais uma vez a vida do meu filho. Não vou!

O tom de Isadora e o gesto irritaram Matthew Palma que observava as duas de longe. Ultrajado com o que viu e ouviu, foi até lá e disse com firmeza:

— Desculpe a intromissão, mas a senhora não deveria falar com Samantha nesse tom.

— Quem você pensa que é para...

— Eu estou namorando Samantha.

Isadora, voltou-se como um raio para Samantha.

— O que?! Você agora anda com dois ao mesmo tempo? O que pretende? Tirar o atraso desses últimos dez anos? Meu filho precisa saber a vadia que você se tornou.

Samantha e Matthew se entreolharam. Isadora Hartamann partiu sem se despedir.

— Que mulher horrível. — disse Matthew, verdadeiramente horrorizado com Isadora.

— Ela não é má — respondeu Samantha —, só está querendo proteger o filho e os netos.

— Proteger pisando nos outros, insultando os outros com palavras tão desagradáveis?

— Cada um se protege como sabe, Matt. Eu não me magoo, juro. Eu na verdade a compreendo. Até mais do que ela própria.

Houve uma breve pausa até que Samantha explicasse ao namorado o porquê de Isadora ter ido lá falar com ela daquela forma.

— Eu e Daniel, meu antigo noivo nos reencontramos dias atrás e desde então ele tem me procurado para sair. Eu não quis dizer nada para você antes para não misturar as coisas, não deixá-lo preocupado. Eu...

— Esse reencontro balançou você, não balançou?

— Balançou é claro, não nego. Não esperava reencontrar Daniel nunca mais. Mas fui uma tola em pensar que isso fosse possível, afinal, moramos na mesma cidade, um dia haveríamos de nos esbarrar por aí, não é mesmo?

Matthew concordou com a cabeça.

— Só não quero vê-lo preocupado com isso, Matt, por favor. Já pedi, exigi na verdade para que Daniel se afaste de mim, ele está casado, tem filhos... Não quero destruir o lar de ninguém, muito menos de duas crianças inocentes... A mãe de Daniel veio aqui e falou comigo daquela forma porque pensa que eu é que estou procurando o filho dela, mas não sou eu, é Daniel, é Daniel quem fica me procurando. Ele é que tem de mudar.

— E você acha que ele vai mudar? Mesmo com você tratando-o friamente?

— Espero que sim. Ele precisa pelo bem dos filhos que tanto ama.

— Ele ainda deve gostar de você para ficar *lhe* procurando...

— Agora é tarde, Matthew, não se preocupe. Nada do que vivemos e planejamos pode ser revivido. Acredite-me.

Matthew abraçou a moça que ele tanto amava, enquanto seus olhos brilhavam de preocupação e medo de perdê-la.

Matthew Palma voltou para a sua casa, preocupado. Ele, definitivamente, não esperava por aquilo.

Richard foi o próximo a saber do reencontro dos dois. Algo que Samantha quis esconder para não provocar a ira do pai, como certamente aconteceria ao saber do fato. Assim que teve a oportunidade Richard demonstrou sua total indignação a reaproximação dos dois.

— Daniel não a merece, Sam. Nem para ser seu amigo. Matthew sim a merece, é um *cara* e tanto e que se apaixonou por você mesmo sem conhecê-la. Esteve ao seu lado durante anos, não desistiu de você, bem diferente de Daniel. Lembre-se disso, sempre!

Samantha assentiu com o olhar.

Assim que pôde Richard ligou para o celular de Matthew e passou o número do celular de Daniel. Achou que seria bom os dois conversarem. Para que Matthew pedisse a Daniel que se afastasse de Samantha.

Matthew ouviu a sugestão, mas ficou em dúvida quanto a levá-la adiante.

※

Dias depois, por volta das quatro horas da tarde, Isadora Hartamann ligou para o filho no trabalho.

— Diga, mamãe. O que há?

Isadora, num tom bastante dramático explicou:

— Sua esposa, filho. Ela acabou de me ligar e...

— Diga logo, mamãe, aconteceu alguma coisa aos meninos?

— Ela está indo viajar com eles para a casa dos pais em Detroit. Disse-me que cansou de você, do modo como ficou e a vem tratando depois de ter reencontrado Samantha. Vai pedir a separação e entrar com um recurso para ter a guarda dos filhos.

Daniel ficou sem palavras.

— Filho, impeça a sua esposa de fazer uma besteira dessas. Corra para o aeroporto e a impeça de pegar o voo. Faça isso rápido, Daniel, para não se arrepender depois.

Assim que Daniel desligou o telefone, apanhou sua carteira e deixou o escritório. Tudo o que disse para a secretária foi:

— Preciso sair agora, por causa de uma emergência. Depois eu me explico para o chefe.

Assim que ganhou a rua, o moço exigiu do carro a velocidade máxima permitida para chegar até o aeroporto a tempo de poder impedir a esposa de viajar.

Chegando lá, Daniel correu para dentro do local. Minutos depois encontrava Miriam ao lado dos dois filhos esperando para fazer o "Check in".

— Miriam. — disse ele, esbaforido.

— Papai! — gritaram os meninos indo ao seu encontro.

Daniel abraçou os dois filhos e pediu silêncio para que ele pudesse conversar com a mãe deles. Numa altura de voz adequada para o local, Daniel disse:

— Por que Miriam, por quê?

A resposta foi imediata, parecia estar pronta, na ponta da língua:

— Porque não aguento mais olhar para os seus olhos e ver, no fundo deles, o reflexo de uma outra mulher.

Daniel baixou os olhos, encabulado, enquanto a esposa continuava seu desabafo:

— Cheguei à conclusão de que você precisa de um tempo, Daniel, sozinho, para refletir. Para pôr a cabeça no lugar. Decidir, de uma vez por todas, o que é melhor para você.

— Agradeço a sua compreensão. — disse ele voltando a encará-la.

— Não é uma questão de compreensão, Daniel. Nem de aceitação... Distancio-me de você porque é menos humilhante para mim estar longe do que perto diante das circunstâncias. Só lhe digo uma coisa, Daniel. Se você decidir ficar com ela, eu serei obrigada a me mudar para Detroit, para morar junto a minha família e meus filhos irão comigo.

— Miriam...

— Eu preciso ir, o voo me espera...

Nisso um dos filhos perguntou:

— O papai não vai viajar conosco?

A resposta da mãe foi imediata:

— Não, filho. Desta vez não.

Daniel agachou-se, beijou e abraçou os dois filhos tão estimados e disse quase chorando.

— Papai vai sentir muita falta de vocês, meus queridos. Façam uma ótima viagem. Um dia... um dia vocês dois irão me entender.

Voltando os olhos para Miriam, Daniel, procurando sorrir, também lhe desejou boa viagem. Miriam nada respondeu, partiu calada.

Daniel Hartamann ficou ali, olhando os filhos fazendo o "check in" com a mãe, com os olhos começando a lacrimejar. Em sua mente ecoavam as palavras da esposa: "Só lhe digo uma coisa, Daniel. Se você decidir ficar com ela, eu serei obrigada a me mudar para Detroit, para morar junto a minha família e meus filhos irão comigo."

Em meio às palavras dela ecoavam as palavras de Samantha:

"Eu o chamei aqui, Daniel, porque tenho um pedido muito sério a lhe fazer. Vim aqui lhe pedir, encarecidamente, que não me procure mais. Por favor. É pelo nosso próprio bem. Eu mesma tomei essa decisão, sozinha. Guiada por meu bom senso. Você tem dois filhos para criar... Matthew me pediu em noivado, nem ele nem eu vemos necessidade de ficar namorando por mais tempo. Vamos nos casar o mais breve possível."

Esse redemoinho de palavras acabou deixando a mente de Daniel num verdadeiro caos.

O que fazer diante de tudo aquilo?, perguntou-se.

Seria realmente Samantha capaz de escolher Matthew a ele?

Qual dos dois, uma mulher, na situação de Samantha, deveria escolher?

Todos que tomaram conhecimento dessa história se perguntaram o mesmo.

CAPÍTULO 17

Nas semanas que se seguiram, Daniel se viu desesperado, buscando uma saída para tudo aquilo. Se fosse fácil enganar o coração, tudo seria bem mais fácil... Haveria alguém capaz de enganar o coração?

Cansado de lutar contra o amor e o desejo de ter Samantha Johnson de volta, ele resolveu ir até a casa da moça, dizer-lhe, olhos nos olhos, que a amava, e ouvir dela, mantendo seus olhos sobre os dele, que nada mais entre os dois poderia ser, definitivamente, como no passado, como tanto planejaram.

Quando chegou a casa da família Johnson, foi Richard quem o atendeu à porta.

— Doutor Richard... Como vai? Eu...

Richard o interrompeu, bruscamente:

— Suma daqui, Daniel. Antes que eu arrebente a sua cara.

— Doutor Richard, por favor. Eu preciso falar com Samantha.

— Minha filha está tentando recomeçar a vida ao lado de um outro *cara*, um bem melhor que você, Daniel. Um *cara* de brio, caráter. Deixe-a em paz. Não a perturbe mais, ela não merece.

— Tenho algo muito importante para dizer a ela, doutor Richard. Essa será a última vez que lhe falo, eu prometo. Juro nunca mais procurá-la. Nunca mais perturbá-la... Mas... é tão difícil para mim, doutor Richard...

Diante da demora do pai que fora atender a porta, Samantha chamou por ele:

— Papai, está tudo bem aí? Quem é?

Richard, limpando a garganta respondeu:

— Sim, Sam, está tudo bem...

Percebendo que Richard não chamaria a filha, Daniel resolveu anunciar por si mesmo sua presença no local.

— Sam! — chamou, elevando a voz. — Preciso lhe falar, por favor.

O chamado surpreendeu e assustou Samantha. Matthew que estava ao seu lado também se mostrou surpreso.

Daniel insistiu mais uma vez:

— Sam, por favor!

Richard impaciente, pegou o rapaz pelo colarinho e disse:

— Se você não for embora daqui por bem, irá por mal.

Richard arrastava o moço para a calçada quando Samantha apareceu a porta e disse:

— Papai, por favor.

O pedido fez com que Richard parasse no mesmo instante.

— Não vamos complicar mais as coisas, papai, por favor. — acrescentou a filha, em tom de suplica.

— Sam, esse assunto é meu e de Daniel! — protestou o pai.

— Por favor, papai.

— Sam, o que eu tenho para lhe dizer é rápido. Por favor, ouça-me. — falou Daniel, aflito.

Matthew, paciente, opinou:

— Ouça o que ele tem a lhe dizer, Samantha. Será melhor.

A moça assentiu. Richard, parecendo ter recuperado a calma, soltou Daniel e permitiu que ele se achegasse à filha.

Com dificuldades, a princípio, Daniel falou:

— Fui um fraco diante de tudo o que nos aconteceu, Sam. Fui um *cara* sem personalidade, que se deixou levar por opinião alheia, fui sim, não nego, mas... Eu jamais me esqueci de você, Sam. Jamais.

Matthew, Richard e Samantha olhavam para Daniel cada um tomado por uma emoção diferente. Daniel, firmando a voz, prosseguiu:

— Naquela noite, no baile, falamos sobre filhos, lembra-se? Você me disse que queria ter pelo menos três filhos e que já tinha, desde menina, os nomes para eles: Rebecca, Joshua e Ben. Você ainda me perguntou se eu não iria brigar com você por causa dos nomes e alegou que não abriria mão deles. Eu respondi que jamais brigaria com você, que seria um tolo se brigasse por causa disso. Lembra-se?

Samantha assentiu com a cabeça, segurando-se para não chorar.

— Pois bem, Sam... Por acreditar que você nunca mais despertaria do coma, eu quis muito realizar o seu desejo, por isso batizei os meus dois meninos com os nomes que você tanto queria por em seus filhos quando os tivesse. Você não me perguntou o nome deles, nem eu disse, mas eles se chamam Joshua e Ben por sua causa. Toda vez que eu olhava para os meus filhos eu me lembrava de você, Sam. Cada vez que eu os chamava, eu me lembrava ainda mais de você. Foi também a forma que encontrei para mantê-la "viva" ao meu lado e provar para você, acreditando estar viva no Além, que jamais me esqueci de você.

Samantha estava surpresa com tudo aquilo, completamente sem palavras. De seus olhos escorriam lágrimas tal como dos olhos de Richard.

Matthew Palma também assistia a tudo, tomado de grande emoção.

Voltando-se para Richard, Daniel acrescentou, choroso:

— Eu fui um *babaca,* sim, Dr. Richard, mas jamais deixei de amar Sam. Jamais!

Todos ficaram em silêncio, temporariamente. Só então Daniel se deu conta de que Samantha estava ao lado de Matthew, que provavelmente deveria ser seu namorado. A percepção provocou-lhe um espasmo no olhar. Então era verdade, Samantha tinha realmente um novo amor.

De repente, parecia haver um oceano intransponível entre os dois. Diante do forte sentimento de perda, Daniel achou melhor partir. Antes porém, disse:

— Que você seja muito feliz, Samantha, ao lado desse *cara.* Você merece. Adeus...

— Daniel. — chamou Richard.

Mas Daniel Hartamann continuou andando, entrou no carro e partiu. Assim que ele se foi Samantha sentiu um arrepio, forte e nauseante.

— O que foi, Filha?

— Um arrepio, estranho... Um mau pressentimento.

Richard ficou preocupado desde então. Matthew Palma também.

❦

Daniel assim que pegou na direção, perguntou-se:

— E agora? Para onde ir? O que fazer de sua vida?

Perguntas que sempre chegam à vida das pessoas em uma fase de sua vida. É como se fôssemos presos em um labirinto e passássemos ansiosamente a buscar pela saída. Uma saída que parece inatingível. É como se o ar para respirar fosse acabar a qualquer instante, levando o nosso corpo ao padecimento.

Daniel estava realmente se sentindo perdido, como ficara, anos atrás, se perguntando o que fazer quanto ao seu relacionamento com Samantha. Arriscar e esperar que despertasse do coma ou passar para outra, como aconselharam seus pais, irmãos, amigos, patrão e, até mesmo, o pastor da igreja evangélica que frequentava?

Ele ouvira a todos, exceto a voz do seu coração, não do coração propriamente, porque o coração às vezes se engana, mas a voz da alma, aquela que está conectada ao mundo espiritual que tem visão tridimensional, atemporal e por isso nos aconselha com maior clareza e perfeição.

E agora, para onde ir, o que fazer da sua vida?, ecoava a pergunta em sua mente, incansavelmente. O carro seguia pela rua como que por vontade própria. Minutos depois, Daniel, caindo em si, decidiu tomar a direção da fábrica de chocolate onde conhecera Samantha. Àquela hora estava fechada, mas isso pouco importava, queria apenas passar diante dela, como se isso pudesse resgatar o tempo interrompido entre ele e a moça que tanto amava.

Depois de passar pelo local, Daniel avistou a famosa ponte Golden Gate, um dos marcos da cidade de San Francisco. Subitamente, quis ir até lá, parou o carro nas imediações. Queria, sem saber ao certo o porquê, atravessar a ponte a pé, algo que sempre quisera fazer e nunca se dera a oportunidade antes.

Enquanto caminhava pela ponte, as águas se agitavam, iluminadas pela luz do luar, uma lua cheia, vampiresca. Ele parou quase no meio dela, voltou os olhos para o além depois para as águas e sentiu vontade de pular, pular para fugir daquilo que não sabia como enfrentar, daquilo que pensava não ter mais como controlar, daquilo que o enchia de revolta e frustração, tristeza e melancolia.

Acreditava, na sua doce ilusão de que só lhe restava a morte para solucionar seus problemas. Mal sabia ele que a morte neste caso só serviria para piorar seus problemas, torná-los mais extensos e desgastantes para resolvê-los.

Seu lado ignorante e negativo o deixou surdo para o bom senso e cego para a realidade superior. Apagou sua memória, fazendo-o esquecer-se dos filhos que tanto amava e tanto precisavam dele, os quais ficariam traumatizados pelo resto da vida pelo que estava prestes a fazer.

Tudo o que ele queria naquele instante era pular e dar fim a sua vida.

Ele fechou os olhos, respirou fundo e pôs os pés na plataforma para realizar seu intento.

— Acabou, Daniel. — disse para si mesmo. — Acabou.

A imagem de Samantha apareceu à sua frente no momento seguinte. E os bons momentos que passou com ela passaram pela sua tela mental na velocidade de um raio.

Mas nem as boas lembranças conseguiram despertá-lo do transe. Ele continuava dominado por aquela força negativa e cruel, instigando-o a pular e dar fim a sua vida.

Os carros que por ali passavam, passavam tão rápido que mal prestavam atenção ao moço. Foi então que o celular de Daniel tocou. Ele estava tão em transe que levou alguns segundos para perceber que ele tocava. Pegou o aparelho para desligá-lo e arremessá-lo longe, quando resolveu atender a ligação.

— Alô.

— Acalme-se, Daniel. — disse a voz do outro lado da linha. — Por amor a si próprio, a seus filhos, à vida, a Deus e, especialmente, à Samantha, mantenha a calma.

Aquelas palavras fizeram com que Daniel caísse ainda mais em si. Fizeram com que ele recuasse dois passos, ajoelhasse e caisse num pranto agonizante.

✾

Ao voltar para casa, Daniel Hartamann sentiu a tristeza e melancolia novamente apertar o seu estômago por não encontrar mais ali os filhos que tanto amava. Como era difícil se separar das pessoas que tanto se ama, que se aprende a amar ao longo da vida.

A pergunta voltou a cutucar sua paz: e agora, o que fazer?

Mas a lembrança da ligação do celular que o despertou do transe o fez relaxar, novamente, e o inspirou a pôr um CD no aparelho de som. Assim, pôs seu predileto, o de Josh Groben e deixou-se levar por sua voz magnânima e a espetacular orquestra que o acompanhava. A canção que mais o emocionou foi "Don't Give Up (You're Loved)" que em português significa: não desista! Você é amado. Trecho da letra dizia: "Quando seu coração estiver pesado... quando a escuridão cegá-lo eu iluminarei seu caminho..."

✾

No dia seguinte, pela manhã, Matthew Palma acordou diferente. Parecia preso a um monólogo interior, sem querer ser interrompido.

A mãe achegou-se ao filho e perguntou:

— Você está tão pensativo, filho, o que houve?

Ele olhou para a mãe e procurou sorrir:

— Estava conversando comigo mesmo e com Deus ao mesmo tempo. Querendo muito saber o que fazer, quando a vida não nos dá múltiplas escolhas.

A mãe fez ar de interrogação.

— Deixa para lá, mamãe. Não se preocupe comigo, tudo vai acabar bem.

— E os preparativos para o casamento seu e de Samantha, como vão?

— Bem. Tudo correndo como previsto.

A mãe se mostrou contente e satisfeita com o que ouviu. Como toda mãe, o que ela mais queria era a felicidade do filho.

Em seguida, Matthew ligou para Samantha e combinou um passeio com ela, às dezesseis horas em Golden Gate Park.

Antes de deixar a casa, Richard quis saber aonde ia. Samantha explicou.

Minutos depois a moça de 28 anos era levada pelo namorado para um dos parques mais lindos do mundo. Durante o trajeto, uma conversa descontraída se desenrolou entre os dois.

— Chegamos! — disse Matthew assim que estacionou o carro.

De mãos dadas, seguiram até as imediações da concha acústica.

— Esse lugar vai ser sempre muito especial para mim — comentou Samantha —, pois foi aqui que o conheci, Matthew, ou melhor, tive consciência da sua existência.

Ele parou, ficou de frente para ela e sorriu. Passou delicadamente a ponta dos dedos por sua face, olhando com admiração para o seu belo e delicado rosto.

— O que foi? — perguntou Samantha, sentindo alguma coisa estranha no ar.

— Você sabe o quanto eu a amo, não sabe? — respondeu ele com outra pergunta.

— Sei. É lógico que sei, Matthew. Eu também o amo.

— Eu sei.

Houve uma pausa. Os olhos dele encheram-se d'água. Com grande esforço ele prosseguiu:

— Por amá-la como amo, quero sua total felicidade.

— Você me faz feliz, Matthew.

— Eu sei. Mas não posso podar as raízes que brotaram entre você e Daniel Hartamann. Elas estão aí, Samantha. A história de vocês dois, o elo, a convivência que tiveram durante os anos de namoro e noivado estão bem enraizados na alma de cada um de vocês. Não se pode construir uma casa em cima de um terreno onde havia árvores que foram podadas sem tirar suas raízes, porque elas vão se desenvolver outra vez e logo prejudicar a construção.

— Onde você quer chegar, Matthew?

— Na sua felicidade, Samantha. E ela está ao lado de Daniel Hartamann. Qualquer um que vier a tomar conhecimento da história de vocês, verá essa verdade.

Samantha baixou os olhos, emocionada. Matthew passou novamente a mão pelo rosto da jovem e disse, com ternura:

— Eu sempre vou *te* amar, Samantha. Guardarei no coração tudo que vivi ao seu lado. e estarei feliz mesmo estando longe de você, porque sei que estará feliz por estar finalmente junto do homem que tanto ama.

Ela, olhos lacrimejantes, voz entrecortada, disse:

— Eu e Daniel não podemos mais ficar juntos...

Ele pousou a ponta do dedo indicador sobre os lábios dela e disse:

— Ele verdadeiramente a ama, Samantha, nunca deixou de amá-la... Ninguém nem nada mais tem o direito de interromper a história de amor de vocês dois. Vocês merecem vivê-la já, o quanto antes.

Por sobre o ombro dela, Matthew avistou Daniel Hartamann a uma certa distância, procurando pelo próprio Matthew que havia ligado para ele e marcado um encontro no parque para aquele horário. Voltando para Samantha, Matthew falou decidido:

— Samantha, retome a sua história de amor inacabada e viva-a em grande estilo, como você bem merece.

Ele beijou-lhe a face, abraçou-a com grande ímpeto e virou-a na direção de Daniel. Quando Samantha avistou Daniel, um frêmito de emoção percorreu o seu corpo. Quase que no mesmo instante, Daniel também a avistou. Ambos ficaram de olhos colados um no outro.

Matthew Palma então se afastou, deixando livre e desimpedido o caminho para Samantha e Daniel se encontrarem. Ele chorava por dentro e por fora, profundamente, de dor por ter de se separar da moça que tanto amava, mas chorava também de emoção por poder devolver a ela, finalmente, sua história de amor, interrompida por uma fatalidade.

Um sorriso se insinuou na face de Samantha, então. O mesmo aconteceu no rosto de Daniel. Sem mais se segurar, ele começou a caminhar na sua direção, foi apertando o passo, logo estava correndo, abriu os braços quando acercou-se dela e a abraçou forte e desesperadamente. Girou-a como faz um homem apaixonado com a mulher que tanto ama. Lágrimas e lágrimas escorriam pelas faces de ambos e se misturavam ao beijo longo e demorado que trocaram. Não era preciso dizer nada, apenas sentido. O amor vencia finalmente todas as barreiras que a fatalidade impusera.

Olhando fundo nos olhos de Samantha, Daniel Hartamann falou:

— Faltava a gente fazer isso, né? A gente nunca antes se abraçou dessa forma fervorosa num parque público sem se importar com os outros ao nosso redor... Aliás, a gente ainda não fez um montão de coisas juntos. Mas a gente vai fazer, meu amor. Todas elas e muitas outras.

Samantha sorriu, beijou-lhe os lábios novamente e se desligou do mundo em meio aos braços fortes do homem amado.

Matthew Palma a certa altura parou e voltou a olhar na direção do casal, abraçados um ao outro, explodindo de amor e paixão. Um sorriso transpareceu no seu semblante triste e encharcado de lágrimas.

🙢

Nos meses que se seguiram...

Richard Johnson voltou a exercer a profissão de médico com toda a devoção com que sempre se dedicara antes da tragédia. Salvava vidas e mais vidas porque compreendeu de uma vez por todas que essa era a sua missão de vida, a mais bela, porque nada é mais belo, digno e orgulhoso para Deus do que aquele que salva vidas, não as destrói.

Ao procurar Ângela Bertran para pedir desculpas pelo que havia lhe dito ele encontrou, ou melhor, ambos encontraram uma nova chance no amor. A mãe de Ângela ainda estava viva dando grande alegria a família com sua existência.

Foi Matthew Palma quem Miriam Takamoto contratou, por sugestão de Daniel, para cuidar de seu divórcio. Os dois acabaram se tornando bons amigos, logo namorados e, mais tarde se casaram. Nada mais digno para si mesmos do que se darem uma nova chance para amar e serem felizes ao lado de uma nova pessoa, renascendo para o amor e para a vida, após as circunstâncias que os aproximaram.

Peterson Medina, depois de provar sua reabilitação, sua recuperação, readquiriu o direito de exercer a medicina e voltou plenamente as suas atividades. Quando o filho passou na faculdade de medicina a família toda recebeu a notícia com grande festa. Perterson, há cerca de dois anos exerce um trabalho à parte, voluntário. Dava palestras para ajudar os dependentes de drogas a se livrar do vício.

Joseph Eliot, enquanto aguardava o seu julgamento pelo assassinato de Geórgia Johnson, escrevia em parceria com a esposa, o livro contando sua história, na esperança de ajudar jovens a dizerem "não" às drogas e ajudar quem entrara no vício a sair dali para sempre.

Quem ligou para Daniel, no seu celular, naquele momento crucial de sua vida, só ele mesmo ficou sabendo. Poderia ter sido Matthew, que pressentiu o que o rapaz iria fazer e por isso ligara. Ou Richard, ou Isadora sua mãe, ou seu pai ou a própria Miriam pela mesma razão. Ou talvez ainda, uma força superior atuando através de qualquer um deles...

Enquanto isso, no Nosso Lar....

Geórgia caminhava ao lado dos amigos que fizeram ali desde que chegara. Diante do canteiro onde se plantavam as flores do perdão eles pararam. Geórgia estava satisfeita com o que via: as flores que plantara para todos os envolvidos na fatalidade que envolveu a sua vida, cresciam fortes e viçosas, exatamente como o perdão que os libertara das consequências da tragédia.

— Soube hoje que voltarei a reencarnar. — disse ela para os amigos.

— É mesmo?! — alegraram-se todos, em uníssono.

— Sim! E me chamarei nessa nova reencarnação: Rebecca.*

Que escolha temos nós, diante das circunstâncias da vida senão pedir às forças superiores que nos abençoem com as flores do perdão?

---

*Segundo o mundo espiritual, o tempo que um espírito leva para reencarnar na Terra varia de um para o outro. Como também lembrou Chico Xavier, cada caso é um caso. Em outras palavras e por meio de casos atuais comprovados, espíritos desencarnados reencarnam na mesma família em questão de oito, dez anos após o seu desencarne. Em alguns casos em menos tempo. Por isso identificamos membros das novas gerações com hábitos e semelhanças idênticas a avós, bisavós, tios e primos que partiram para o plano espiritual. (N.A.)

Leia agora o resumo do próximo livro.
Depois de tudo, ser feliz

Greta tinha apenas 15 anos quando foi vendida pelo pai para um homem que a desejava mais do que tudo. Sua inocência não lhe permitia imaginar o verdadeiro motivo da compra.

Sarina, sua irmã, quis desesperadamente ir atrás dela para salvá-la das garras do indivíduo impiedoso, mas o destino lhe pregou uma surpresa, ela apaixonou-se por um homem cujo coração já tinha dona, uma mulher capaz de tudo para impedir sua aproximação.

Em meio a tudo isso, ocorre uma chacina: jovens lindas são brutalmente mortas e Rebecca, a única sobrevivente do caos, quer descobrir quem foi o mandante daquilo para fazer justiça.

Noutra cidade, Gabael, um jovem cujo rosto deformado por uma doença misteriosa, vive numa espécie de calabouço para se esconder de todos que olham horrorizados para ele e o chamam de monstro.

Num vale, Maria, uma linda menina, tenta alegrar todos os confinados ali por causa de uma praga contagiosa, odiada e temida pela humanidade, na época.

Dentre todos os acontecimentos desta fascinante e surpreendente história que se desenrola na época em que Jesus fez inúmeros milagres e marcou para sempre a história do mundo, os personagens vão descobrir que, por mais triste e desafiadora que possa ser a nossa vida, o que nos resta mesmo, depois de tudo, é procurar ser feliz.

Depois de "Falso Brilhante", "Se não amássemos tanto assim", "A outra face do amor", da trilogia "A eternidade das paixões", dentre outros romances de sucesso, o Autor nos leva a mais uma viagem emocionante pelo mundo da literatura espiritual.

Trilogia "Paixões"
LIVRO 1
"Paixões que ferem"

Ela sabia que era errado sentir-se atraída por ele, desejá-lo mais do que tudo e, mesmo assim, o desejo era mais forte que seu bom senso e sua moral e, seu medo de penar pelo resto da vida no inferno.

Ele também não queria, sabia que estaria pecando ainda mais, condenando-se ao inferno eterno se cedesse àquela paixão proibida. Entretanto ele a desejava loucamente. Até quando conseguiria se conter diante dela, ele não sabia, que os céus o ajudassem a se controlar, acalmar o desejo que incendiava seu peito e seu coração.

A vida era mesmo imprevisível. Ele já não sabia mais no que pensar para se esquecer dela, a mulher que desde o temporal desejava ardentemente dia e noite, noite e dia.

Diante do fato, ele percebia mais uma vez o quanto a vida surpreendia a todos com momentos bons e maus, talvez com mais momentos maus do que bons. Ele já sofrera anteriormente, quando o filho, sem querer, tirara o banquinho em que a mãe estava prestes a se sentar e, por isso, ela, grávida, caiu sentada ao chão e perdeu o bebê. Foi horrível, mais horrível foi pensar que o garoto fizera aquilo por querer, embora inconscientemente. Pensar assim era loucura, nenhuma criança chegaria a tanto, fora uma fatalidade, sim, só podia ser, afinal ele não passava de um menino inocente.

O romance "Paixões que ferem" fala do poder do amor unindo casais e mais casais para que cada um de nós nasça e renasça ao longo da vida. Fala do desejo carnal que cega a todos, muitas vezes sem medir as consequências, fala de ciúme e frustração, do desejo insano de prender o outro a você.

Narra a história de duas famílias que vieram tentar a vida no Brasil no século dezoito e as gerações seguintes, reencarnações que culminam nos dias de hoje, provando que as paixões atravessam vidas, e são, para muitos, eternas. Uma obra surpreendente e comovente, respondendo muitas das perguntas que fazemos em relação a nossa existência no cosmos.

LIVRO 2
"O lado oculto das paixões"

Em "O lado oculto das paixões", continuação do romance "Paixões que ferem", o leitor vai conhecer detalhadamente o destino que os descendentes das famílias Corridoni e Nunnari tiveram.

Inaiá Corridoni sonhou com um casamento feliz porque toda mulher almeja ter um, com filhos saudáveis e adoráveis, engrandecendo a felicidade do casal. Viu em Roberto Corridoni o marido ideal, o homem certo para realizar seus sonhos. Estava apaixonada tanto quanto ele parecia estar apaixonado por ela, só não sabia que havia um lado oculto em toda paixão. Mesmo que lhe dissessem, ela não se importaria, tampouco temeria, porque o que ela queria acima de tudo era ser feliz ao lado dele, nem que para isso tivesse de sacrificar a própria felicidade.

O porquê de Roberto ser tão severo para com ela e os filhos seria porque ainda guardava sentimentos por Liberata Nunnari, aquela que no passado pareceu amar perdidamente e, subitamente, abandonou-a por um desejo de vingança? Ninguém sabia ao certo, talvez nem ele soubesse...

O que Inaiá não aceitava em hipótese alguma era o fato de Roberto querer manter a tradição da família: deixar herança só para os filhos homens, para as mulheres nada além de uma casinha modesta. Se quisessem mais do que isso, que procurassem se casar com um bom partido. Foi assim que as filhas acabaram entregues a uma vida limitada e os irmãos a uma vida endinheirada, propiciando o melhor para seus filhos e mulheres. Isso não era certo, não, na sua visão.

Tudo isso a fez adoecer o que acabou alegrando muito o marido e a amante dele que sonhava casar-se com ele de papel passado e morar na casa-grande, linda e aconchegante da maravilhosa fazenda. Ter a vida que sempre sonhou ao lado dele, mas não mais como amante, agora, como esposa legítima.

A esposa só precisava morrer, sim, morrer, para deixar-lhe o caminho livre para realizar seu maior sonho.

Prepare-se, você viverá ainda muitas emoções ao longo desta fascinante história, o segundo livro da trilogia "Paixões".

LIVRO 3
"A eternidade das paixões"

Em a "Eternidade das paixões", continuação do livro "O lado oculto das paixões" o leitor vai se emocionar ainda mais com a saga das famílias Nunnari e Corrridoni.

Muito aconteceu desde que as duas famílias se mudaram para o Brasil na esperança de terem uma nova perspectiva de vida. O impiedoso Roberto Corridoni, por meio da reencarnação, torna-se filho de Florisbela Gallego que se mostra uma mãe amorosa e disposta a lhe dar uma educação que faça dele um ser humano de caráter e brio.

Tempos depois, o misterioso e surpreendente destino leva Roberto à fazenda dos Nunnari onde a saga de ambas as famílias teve início. A impressionante sensação de já ter estado ali acompanha Roberto desde então, e mesmo sua prima lhe dizendo que a sensação acontece por ele, certamente, já ter vivido ali numa vida anterior àquela, Roberto duvida.

Nessa nova encarnação Roberto reencontra Inaiá para uma nova oportunidade de aprendizado no amor e no convívio a dois. Os filhos nascem e Roberto, esquecendo-se dos bons conselhos de sua mãe, torna-se novamente um pai severo e impiedoso, condenando-se a crescer espiritualmente pela dor, a dor que ele insiste em ser sua maior mentora.

Noutra encarnação, Roberto reencontra Madalena, aquela que noutra vida foi sua escrava e permitiu que usassem e abusassem dela sem nenhum respeito. Os dois estarão frente a frente desta vez durante a Segunda Guerra Mundial.

Mais tarde, no Brasil da época do regime militar, todos que tomaram parte nessa história (Elenara, Gianni, Gianluza, Lamartine, Sílvia, Mássimo, Gabriela, entre outros) voltam a se reencontrar, para que juntos possam transpor obstáculos antigos, renovar o espírito, evoluir... Comprovar mais uma vez a eternidade das paixões.

Trilogia "Paixões"
Para maiores informações visite o site da Editora:
www.barbaraeditora.com.br

Mais um sucesso Barbara
"O que restou de nós dois"

Alexandre (herdeiro do laboratório farmacêutico mais importante e próspero do mundo) ao nascer, torna-se o centro da atenção e do amor de seus pais, especialmente de sua mãe.

Anos depois, enfurecido com o nascimento da irmã, chega a pensar, sem pudor algum, sufocá-la durante o sono tranquilo no berço.

Quando maior, cada vez mais fascinado por sua progenitora, passa a disputá-la com o pai, voltando-se contra ele de todas as formas, especialmente ao saber que teve amantes e um filho bastardo. Decide então, assim que possível, descobrir quem é ele para impedi-lo de recorrer à justiça seus direitos na herança do pai.

Ao completar a faculdade, fascinado por Nova York, muda-se para a cidade onde se transforma num dos empresários mais atuantes e revolucionários dos Estados Unidos. É ali que conhece Hefestião, um publicitário em ascensão de quem se torna grande amigo e vive o seu maior desafio, o que o leva para um mundo onde a dor e o amor se confundem.

O pior acontece quando a irmã de Alexandre se apaixona por seu amigo, provocando-lhe ira, reforçando seu ódio por ela.

Em meio a tudo isso, chega o relatório do detetive contratado por Alexandre para descobrir o nome da amante e do filho bastardo do pai. Misteriosamente este relatório desaparece da casa antes que ele possa ler o resultado. Inexplicável também se torna o fato de o detetive ter sumido do país sem deixar pistas.

Mais tarde, ao saber que a irmã vai conceber um herdeiro, Alexandre se vê forçado a gerar um, o mais rápido possível. Casa-se com Roxane, uma linda francesa, que nada suspeita de suas verdadeiras intenções.

Nesse entrementes, o rapaz multimilionário anseia por encontrar a cura para a AIDS, não por querer ajudar as pessoas, mas para marcar presença na história do mundo e lucrar a ponto de se tornar o homem mais rico do planeta.

Entre dores e amores acontece esta história de amor surpreendente e apaixonante, cujo desfecho revela que a maldade humana pode não ter limites, mas o mundo espiritual está atento, não tarda em interceder em nome do bem e da paz mundial.

Outros sucessos Barbara
Suas verdades o tempo não apaga

No Brasil, na época do Segundo Reinado, em meio às amarguras da escravidão, os filhos do casal Amorin, Breno e Thiago, atingem o ápice da adolescência. Para Thiago, o pai prefere Breno, o filho mais velho, a ele, e isso se transforma em revolta contra o pai e o irmão.

O desgosto com ambos leva Thiago para o Rio de Janeiro, onde ele conhece Melinda Florentis, moça rica, de família nobre e europeia. Essa união traz grandes surpresas para ambos e nos mostra que atraímos na vida tudo o que almejamos, porém tudo na medida certa para contribuir com nossa evolução espiritual. Tudo volta para nós conforme nossas ações, cada encontro nos traz estímulos e oportunidades que, se forem aproveitados, podem ajudar no nosso aprimoramento espiritual. O encontro com o amado mobiliza o nosso universo afetivo.

Esta é uma história emocionante para guardar para sempre no seu coração. Um dos livros mais elogiados pelos leitores.

Mulheres Fênix, mulheres apaixonadas

Em vez de ouvir o típico "eu te amo" de todo dia, Júlia ouviu: "eu quero me separar, nosso casamento acabou". A separação levou Júlia ao fundo do poço. Nem os filhos tão amados conseguiam fazê-la reagir. "Por que o *meu* casamento tinha de desmoronar? E agora, o que fazer da vida? Como voltar a ser feliz?"

Júlia queria obter as respostas para as mesmas perguntas que toda mulher casada faz ao se separar. E ela as obtém de forma sobrenatural. Assim, renasce das cinzas e volta a brilhar com todo o esplendor de uma mulher Fênix.

Nenhum amor é em vão

Uma jovem inocente e pobre, nascida numa humilde fazenda do interior do Paraná, conhece por acaso o filho do novo dono de uma das fazendas mais prósperas da região. Um rapaz elegante, bonito, da alta sociedade, cercado de mulheres bonitas, estudadas e ricas.

Um encontro que vai mudar suas vidas, fazê-los aprender que **nenhum amor é em vão**. Todo amor que acontece, acontece porque é a única forma de nos conhecermos melhor, nos perguntarmos o que realmente queremos da vida? Que rumo queremos dar a ela? Pelo que vale realmente brigar na nossa existência?

Vidas que nos completam

Vidas que nos completam conta a história de Izabel, moça humilde, nascida numa fazenda do interior de Minas Gerais, propriedade de uma família muito rica, residente no Rio de Janeiro.

Com a morte de seus pais, Izabel é convidada por Olga Scarpini, proprietária da fazenda, a viver com a família na capital carioca. Izabel se empolga com o convite, pois vai poder ficar mais próxima de Guilhermina Scarpini, moça rica, pertencente à nata da sociedade carioca, filha dos donos da fazenda, por quem nutre grande afeto.

No entanto, os planos são alterados assim que Olga Scarpini percebe que o filho está interessado em Izabel. Para afastá-la do rapaz, ela arruma uma desculpa e a manda para São Paulo. Izabel, então, conhece Rodrigo Lessa, por quem se apaixona perdidamente, sem desconfiar que o rapaz é um velho conhecido de outra vida. Uma história contemporânea e comovente para lembrar a todos o porquê de a vida nos unir àqueles que se tornam nossos amores, familiares e amigos... Porque toda união é necessária para que vidas se completem, conquistem o que é direito de todos: a felicidade.

A solidão do espinho

Virginia Accetti sonha desde, menina, com a vinda de um moço encantador, que se apaixone por ela e lhe possibilite uma vida repleta de amor e alegrias.

Evângelo Felician é um jovem pintor, talentoso, que desde o início da adolescência apaixonou-se por Virginia, mas ela o ignora por não ter o perfil do moço com quem sonha se casar.

Os dois vivem num pequeno vilarejo próximo a famosa prisão "Écharde" para onde são mandados os piores criminosos do país. Um lugar assustador e deprimente onde Virginia conhece uma pessoa que mudará para sempre o seu destino.

"A Solidão do Espinho" nos fala sobre a estrada da vida a qual, para muitos, é cheia de espinhos e quem não tem cuidado se fere. Só mesmo um grande amor para cicatrizar esses ferimentos, superar desilusões, reconstruir a vida... Um amor que nasce de onde menos se espera. Uma história de amor como poucas que você já ouviu falar ou leu. Cheia de emoção e suspense. Com um final arrepiante.

Só o coração pode entender

Tudo preparado para uma grande festa de casamento quando uma tragédia muda o plano dos personagens, o rumo de suas vidas e os enche de revolta. É preciso recomeçar. Retirar as pedras do caminho para prosseguir... Mas recomeçar por onde e com que forças? Então, quando menos se espera, as pedras do caminho tornam-se forças espirituais para ajudar quem precisa reerguer-se e reencontrar-se num mundo onde **só o coração pode entender**. É preciso escutá-lo, é preciso aprender a escutá-lo, é preciso tirar dele as impurezas deixadas pela revolta, para que seja audível, límpido e feliz como nunca foi...

Uma história verdadeira, profunda, real que fala direto ao coração e nos revela que o coração sabe bem mais do que pensamos, que pode compreender muito mais do que julgamos, principalmente quando o assunto for amor e paixão.

Quando o Coração Escolhe

(Publicado anteriormente com o título: "A Alma Ajuda")

Sofia mal pôde acreditar quando apresentou Saulo, seu namorado, à sua família e eles lhe deram as costas.

– Você deveria ter-lhes dito que eu era negro – observou Saulo.

– Imagine se meu pai é racista! Vive cumprimentando todos os negros da região, até os abraça, beija seus filhos...

– Por campanha política, minha irmã – observou o irmão.

Em nome do amor que Sofia sentia por Saulo, ela foi capaz de jogar para o alto todo o conforto e *status* que tinha em família para se casar com ele.

O mesmo fez Ettore, seu irmão, ao decidir se tornar padre para esconder seus sentimentos (sua homossexualidade).

Mas a vida dá voltas e nestas voltas a família Guiarone aprende que amor não tem cor, nem raça, nem idade, e que toda forma de amor deve ser vivida plenamente. E essa foi a maior lição naquela reencarnação para a evolução espiritual de todos.

Se Não Amássemos Tanto Assim

No Egito antigo, 3400 anos antes de Cristo, Hazem, filho do faraó, herdeiro do trono se apaixona perdidamente por Nebseni, uma linda moça, exímia atriz. Porém, estéril. Para deixar um herdeiro, Hazem, arranja uma segunda esposa que promete para si mesma destruir Nebseni, apagá-la do coração do marido para que somente ela exista. Mas pode alguém apagar do coração de um ser apaixonado a razão do seu afeto?

Se não amássemos tanto assim é um romance comovente com um final surpreendente, que vai instigar o leitor a ler o livro muitas vezes.

A lágrima não é só de quem chora

Christopher Angel, pouco antes de partir para a guerra, conhece Anne Campbell, uma jovem linda e misteriosa, muda, depois de uma tragédia que abalou profundamente sua vida. Os dois se apaixonam perdidamente e decidem se casar o quanto antes, entretanto, seus planos são alterados da noite para o dia com a explosão da guerra. Christopher parte, então, para os campos de batalha prometendo a Anne voltar para casa o quanto antes, casar-se com ela e ter os filhos com quem tanto sonham.

Durante a guerra, Christopher conhece Benedict Simons de quem se torna grande amigo. Ele é um rapaz recém-casado que anseia voltar para a esposa que deixara grávida. No entanto, durante um bombardeio, Benedict é atingido e antes de morrer faz um pedido muito sério a Christopher. Implora ao amigo que vá até a sua casa e ampare a esposa e o filho que já deve ter nascido. Que lhe diga que ele, Benedict, os amava e que ele, Christopher, não lhes deixará faltar nada. É assim que Christopher Angel conhece Elizabeth Simons e, juntos, descobrem que quando o amor se declara nem a morte separa as pessoas que se amam.

Um romance emocionante do começo ao fim.

Paixão Não se Apaga com a Dor

No contagiante verão da Europa, Ludvine Leconte leva a amiga Barbara Calandre para passar as férias na casa de sua família, no interior da Inglaterra, onde vive seu pai, viúvo, um homem apaixonado pelos filhos, atormentado pela saudade da esposa morta ainda na flor da idade.

O objetivo de Ludvine é aproximar Bárbara de Theodore seu irmão, que desde que viu a moça, apaixonou-se por ela.

O inesperado então acontece, seu pai vê na amiga da filha a esposa que perdeu no passado. Um jogo de sedução começa, um duelo entre pai e filho tem início.

De repente, um acidente muda a vida de todos, um detetive é chamado porque se suspeita que o acidente foi algo premeditado. Haverá um assassino a solta? É preciso descobrir antes que o mal se propague novamente.

Este romance leva o leitor a uma viagem fascinante pelo mundo do desejo e do medo, surpreendendo a cada página. Um dos romances, na opinião dos leitores, mais surpreendentes dos últimos tempos.

Deus nunca nos deixa sós

Teodora teve medo de lhe dizer a verdade e feri-lo a ponto de fazê-lo abandoná-la para sempre e deixá-la entregue à solidão e a um sentimento de culpa pior do que aquele que já vinha apunhalando o seu coração há tempos. Sim, a verdade, acreditava Teodora, iria doer fundo em Hélio. Tão fundo quanto doeria nela se soubesse que o marido havia se casado com ela apenas por interesse financeiro, disposto a se divorciar dela em poucos anos para poder ficar com quem realmente amava, ou pensava amar.

Deus nunca nos deixa sós conta a história de três mulheres ligadas pela misteriosa mão do destino. Uma leitura envolvente que nos lembra que amor e vida continuam, mesmo diante de circunstâncias mais extraordinárias.

Falso brilhante

Marina está radiante, pois acaba de conquistar o título de Miss Brasil. Os olhos do mundo estão voltados para sua beleza e seu carisma.

Ela é uma das favoritas do Concurso de Miss Universo. Se ganhar, muitas portas lhe serão abertas em termos de prosperidade, mas o que ela mais deseja, acima de tudo, é ser feliz ao lado de Luciano, seu namorado, por quem está perdidamente apaixonada.

Enquanto isso, Beatriz, sua irmã, se pergunta: como pode alguém como Marina ter tanta sorte na vida e ela não? Ter um amor e ela ninguém, sequer alguém que a paquere?

Pessoas na cidade, de todas as idades, questionam: Como pode Beatriz ser irmã de Marina, tão linda e Beatriz, tão feia, como se uma fosse um brilhante e a outra um diamante bruto?

Entre choques e decepções, reviravoltas e desilusões segue a história dessas duas irmãs cujas vidas mostram que nem tudo que reluz é ouro, nem tudo que brilha é brilhante e que aquilo que ainda é bruto também pode irradiar luz.

O amigo que veio das estrelas

É um livro para ler com muita atenção.

Jennifer mora com a mãe numa chácara próxima a uma cidadezinha do litoral paulistano. No dia em que estava reunida com os amigos para assistir a um dos maiores acontecimentos do ano, um eclipse lunar, ela conhece um menino lindo, de olhos azuis, cabelos loiros, quase dourados, que surge misteriosamente na chácara e pouco fala de si mesmo. Quem é ele, de onde veio, para onde vai?

É isso que Jennifer e seus amigos querem muito saber.

A resposta é surpreendente e mais ainda é a aventura que eles vivem lado a lado.

Uma aventura que marca para sempre a vida de todos e marcará a sua também. Porque fala metaforicamente sobre a origem da vida humana, o porquê da nossa existência e o poder de cada um neste Universo, no decorrer do processo chamado VIDA.

A VIDA SEMPRE CONTINUA...

Geórgia perde totalmente o interesse pela vida depois da morte de seu alguém especial. Foram meses de sofrimento até sua partida e muitos outros depois. Só lhe resta agora chorar e aguardar a própria morte, diz ela para si mesma. Acontece então algo surpreendente: uma tia que não via há mais de vinte anos deixa-lhe como herança, a casa no litoral na qual viveu com o marido nos últimos anos de vida. Por causa desta herança, Geórgia é obrigada a ir até o local para decidir o que será feito de tudo aquilo. Acontecimentos misteriosos vão surpreendê-la e resgatá-la do caos emocional, da depressão pós-luto, e dar uma nova guinada em sua vida, na sua existência dentro do cosmos.

A OUTRA FACE DO AMOR

Eles passavam a lua de mel na Europa quando ela avistou, ao longe, pela primeira vez, uma mulher de rosto pálido, vestida de preto da cabeça aos pés, olhando atentamente na sua direção. Então, subitamente, esta mulher arrancou uma rosa vermelha, jogou-a no chão e pisou até destruí-la.

Por que fizera aquilo? Quem era aquela misteriosa e assustadora figura?

E por que estava seguindo o casal por todos os países para os quais iam? Prepare-se para viver emoções fortes a cada página deste romance que nos revela a outra face do amor, aquela que poucos pensam existir e os que sabem, preferem ignorá-la.

SEM AMOR EU NADA SERIA...

Em meio a Segunda Guerra Mundial, Viveck Shmelzer, um jovem alemão do exército nazista, apaixona-se perdidamente por Sarah Baeck, uma jovem judia, residente na Polônia.

Diante da determinação nazista de exterminar todos os judeus em campos de concentração, Viveck se vê desesperado para salvar a moça do desalmado destino reservado para sua raça.

Somente unindo-se a Deus é que ele encontra um modo de protegê-la, impedir que morra numa câmara de gás.

Enquanto isso, num convento, na Polônia, uma freira se vê desesperada para encobrir uma gravidez inesperada, fruto de uma paixão avassaladora.

Destinos se cruzarão em meio a guerra sanguinária que teve o poder de destruir tudo e todos exceto o amor. E é sobre esse amor indestrutível que fala a nossa história, transformada neste romance, um amor que uniu corações, almas, mudou vidas, salvou vidas, foi no final de tudo o maior vitorioso e sobrevivente ao Holocausto.

Uma história forte, real e marcante. Cheia de emoções e surpresas a cada página... Simplesmente imperdível.

NINGUÉM DESVIA O DESTINO

Heloise ama Álvaro. Os dois se casam, prometendo serem felizes até que a morte os separe.

Surge então algo inesperado.

Visões e pesadelos assustadores começam a perturbar Heloise.

Seriam um presságio?

Ou lembranças fragmentadas de uma outra vida? De fatos que marcaram profundamente sua alma?

Ninguém desvia o destino é uma história de tirar o fôlego do leitor do começo ao fim. Uma história emocionante e surpreendente. Onde o destino traçado por nós em outras vidas reserva surpresas maiores do que imaginam a nossa vã filosofia e as grutas do nosso coração.

E o amor resistiu ao tempo

Fala sobre os sofrimentos que cada um passa por causa das convenções sociais, dos preconceitos, egoísmos em geral e, principalmente, de quando o passado volta à sua vida para assombrar o presente.

Com uma narrativa surpreendente, o romance responde às perguntas existencialistas e profundas que a maioria de nós faz ao longo da vida: por que cada um nasce com uma sorte diferente? Por que nos apaixonamos por pessoas que nos parecem conhecidas de longa data sem nunca termos estado juntos antes? Se há outras vidas, pode o amor persistir e triunfar, enfim, de forma mais lúcida e pacífica, após a morte? Uma comovente história que se desenvolve ao longo de três reencarnações. Para reflexão no final, inspirar o leitor a uma transformação positiva em sua existência.

Para adquirir um dos livros ou obter informações sobre os próximos lançamentos da Editora Barbara, visite nosso site:

www.barbaraeditora.com.br
E-mail: barbara_ed@estadao.com.br

BARBARA EDITORA BRASIL
Rua Primeiro de Janeiro, 396 – 81
Vila Clementino – São Paulo – SP
CEP 04044-060
(11) 5594 5385

Contato c/ autor:
americosimoes@estadao.com.br
americo.simoes@uol.com.br
Facebook: Américo Simões

Blog: http://americosimoes.blogspot.com.br
www.americosimoes.com.br